Let's have a PARTY

KREATIVE PARTYREZEPTE FÜR DEN THERMOMIX

KAPITEL 1
Fingerfood & mehr

KAPITEL 2
Warmes

KAPITEL 3
Süßes & Drinks

BUFFET für 20 Personen

Unser Vorschlag!

Wer ein kaltes Fingerfood-Buffet für 20 Personen organisieren möchte, sollte damit rechnen, dass jeder Gast ca. 5-7 Gerichte/Häppchen isst.

Also bekommt jeder z.B.:

1 x Gazpacho
1 x Hähnchen-Salat
1 x Sandwich
1 x Gemüsesticks
1 x Antipasti-Schälchen
1 x Fruchtspieß

So könnte der Ablauf sein, wenn z.B.

AM FREITAGABEND DIE PARTY STATTFINDET

DONNERSTAG:

- Kräuterquark für die Gemüsesticks herstellen
- Gazpacho herstellen
- Sandwich-Creme herstellen
- Hähnchensalat zubereiten

Alles im Kühlschrank lagern. Zeitaufwand am Donnerstag: 1 Std.

FREITAGMORGEN:

- Obst für die Fruchtspieße waschen und gleich aufspießen. Im Kühlschrank in Frischhaltefolie gepackt aufbewahren. Für 20 Personen genügen 20 Spieße.
- Gemüse für die Gemüsesticks schneiden und ebenso luftdicht im Kühlschrank aufbewahren.
- Käse für die Antipasti-Schälchen schneiden. Gemüse/Tomaten usw. waschen oder putzen.
- Spieße für die Gazpacho vorbereiten.

BEVOR DIE GÄSTE KOMMEN:

Gazpacho in Gläser füllen - 6-8 Min.
Sandwiches vorbereiten - 30 Min.
Antipasti-Schälchen befüllen - 10 Min. *
Hähnchensalat in Gläser füllen - 5-6 Min.
Gemüsesticks mit Quark in Gläser füllen - 6-8 Min.

*(Hier kann man gut die Kinder oder den Partner mit einspannen ;-)

MEHR VIELFALT

Wenn man z.B. zweierlei Gazpacho anbieten möchte, kann man 10x Gurken-Gazpacho und 10x Melonen-Gazpacho zubereiten. Somit schafft man mehr Vielfalt.

Auch Fruchtspieße können in verschiedenen Varianten angeboten werden.

Ideen für's BUFFET

Greif zu!

KAPITEL 1

Fingerfood & mehr

In diesem Kapitel findest Du passende Rezeptideen für's Buffet - Salate, kleine Häppchen, Spieße und mehr.

★ UNSER SERVIERTIPP:

Richte die Gerichte in kleinen Gläschen oder Schälchen an. So kann sich jeder Gast ganz einfach eine Portion nehmen - like a Flying Buffet.

Der Vorteil: Wenn Gerichte bereits vorportioniert sind, kannst Du besser abschätzen, ob es für alle Gäste reicht.

Kleine Häppchen in Schälchen & Gläschen

Kreative Spieße

Sehen einfach viel schöner auf dem Buffet aus. Egal ob aufgespießte Tomate-Mozzarellabällchen oder Wassermelone-Fetawürfel. Es gibt so viele Möglichkeiten. Sei kreativ und ran an den Spieß!

6 Portionen

15 MIN.

Konfetti-SALAT mit Buchstaben-Nudeln

ZUTATEN

500 g Buchstaben-Nudeln
1 rote Spitzpaprika
2 Eier, hart gekocht
1 Dose Florida-Mix, Erbsen & Mais (Abtr.gew. 285 g)

Für das Dressing

1 rote Zwiebel, halbiert
100 g saure Sahne
150 g Naturjoghurt, 3,5%
30 g Mayonnaise
25 g Tomatenketchup
20 g Öl
20 g Rotweinessig
2 Spritzer Zitronensaft
1 TL Senf, mittelscharf
1 TL Salz
1 TL Currypulver
½ TL Paprikapulver, edelsüß
¼ TL Pfeffer, gem.

ZUBEREITUNG

Nudeln nach Packungsanweisung kochen. Spitzpaprika und Eier fein würfeln. Florida-Mix gut abtropfen lassen und alles in eine Schüssel geben.

Für das Dressing Zwiebel in den Mixtopf geben und **5 Sek./Stufe 5** zerkleinern. Restliche Dressingzutaten zugeben und **20 Sek./Stufe 4** mixen. Über den Salat geben und gut vermengen.

Pro Portion: 482 kcal · 65 g KH · 18 g EW · 15 g Fett

6 Portionen

Hello Spring SALAD

35 MIN.

ZUTATEN

500 g	grüner Spargel
500 g	weißer Spargel
1.200 g	Wasser, lauwarm
200 g	kurze Maccheroni (7 Min. Garzeit)
250 g	bunte Cocktailtomaten
50 g	Oliven
60 g	Parmesan-Flakes

Für das Dressing

½ Topf	Basilikumblätter
150 g	Crème fraîche
25 g	Olivenöl
20 g	Rotweinessig
25 g	Balsamicoessig, dunkel
1 TL	Salz
¼ TL	Pfeffer, gem.

ZUBEREITUNG

Vom Spargel die holzigen Enden abschneiden und schälen. In ca. 5-6 cm lange Stücke schneiden. In den Varoma und auf den Einlegeboden geben.

Wasser in den Mixtopf geben und **10 Min./100°C/Stufe 1** aufkochen. Varoma mit Spargel aufsetzen und **20 Min./Varoma/Stufe 1** einstellen. Bei Restlaufzeit 9 Min. den Thermomix kurz stoppen und Nudeln in das Garwasser geben. Mixtopfdeckel wieder auflegen, Varoma wieder aufsetzen und fertig garen. **Achtung: Linkslauf zuschalten!** Nach der Garzeit beides absieben und mit kaltem Wasser abschrecken.

Mixtopf mit Wasser spülen und trocknen. Basilikumblätter **3 Sek./Stufe 8** hacken. Restliche Dressingzutaten zugeben und **20 Sek./Stufe 3** mixen. Über den Salat geben. Cocktailtomaten und Oliven klein schneiden und mit den Parmesan-Flakes über den Salat geben. Alles gut vermengen.

Pro Portion: 330 kcal · 31 g KH · 12 g EW · 18 g Fett

4 - 6 Gläser

Rezept kann verdoppelt werden

Info

Ergibt ca. 800 g Salat
4 Gläser à 200 g oder
6 Gläser à ca. 135 g

Pro Portion (6): 221 kcal · 14 g KH · 4 g EW · 16 g Fett

10 MIN.

Surimi SALAT mit Dill-Schmand-Dressing

ZUTATEN

200 g Surimi
2 gr. Frühlingszwiebeln
1 Dose Mais (Abtr.gew. 230 g)
150 g Salatgurke

Für das Dressing

1 Knoblauchzehe
½ Zwiebel
1 Handvoll Dill, entstielt
80 g Salatmayonnaise
100 g Schmand
½ Zitrone, Saft davon (40 g)
etwas Salz & Pfeffer

ZUBEREITUNG

Surimi und Frühlingszwiebeln in dünne Scheiben schneiden. Mais abtropfen lassen und Gurke klein würfeln. Alles in eine Schüssel geben.

Für das Dressing Knoblauch, Zwiebel und Dill **5 Sek./Stufe 6** zerkleinern. Restliche Zutaten für das Dressing zugeben und **5 Sek./Stufe 3** mischen. Über den Salat geben und vermengen. In Gläser füllen und servieren.

25 MIN.

+ 1-2 Std. Kühlzeit

ZUCCHINI-LASSI mit Fetaspießen

ZUTATEN

Für das Lassi

600 g Zucchini
25 g Olivenöl
etwas Salz & Pfeffer
300 g Wasser
2 TL Gemüsebrühpulver
300 g Naturjoghurt, 3,5%
50 g Milch, 1,5%
6-7 Minzblätter
1 Handvoll Oregano

Für die Spieße

200 g Fetakäse
3-4 EL Mehl
1 Ei
100 g Paniermehl
etwas Öl zum Braten
6 Cocktailtomaten

ZUBEREITUNG

Zucchini in grobe Würfel schneiden und zusammen mit Öl sowie etwas Salz und Pfeffer in den Mixtopf geben. **5 Min./100°C/ ⟲ /Stufe 1** dünsten. Wasser und Gemüsebrühpulver zugeben und **12 Min./100°C/ ⟲ /Stufe 1** kochen.

Im Anschluss Naturjoghurt, Milch, Minze und Oregano zugeben und **20 Sek./Stufe 10** pürieren. In kleine Gläser füllen und im Kühlschrank mind. 1-2 Std. durchkühlen lassen.

Für die Spieße Feta in Würfel schneiden und zuerst in Mehl wälzen, dann mit Ei und Paniermehl panieren. Öl in einer Pfanne erhitzen und Fetawürfel darin braten. Cocktailtomaten halbieren. Je einen Fetawürfel und eine halbe Tomate auf einen Spieß aufspießen und zum Lassi servieren.

Tipp

Eiskalt genießen! Kann bereits am Vortag zubereitet werden.

Pro Portion: 157 kcal · 13 g KH · 7 g EW · 8 g Fett

25 MIN.

+ 6 Std. Kühlzeit

Hähnchen-SALAT mit Mandarinen & Spargel

ZUTATEN

500 g Hähnchenbrustfilet
etwas Salz
etwas Pfeffer, frisch gem.
1 TL Currypulver, mild
1 EL Öl
1 kl. Glas Spargelabschnitte (Abtr.gew. 170 g)
1 kl. Dose Mandarinen (Abtr.gew. 195 g)
1 kl. Dose Champignonköpfe (Abtr.gew. 115 g)

Für das Dressing

100 g Salatmayonnaise
100 g griechischer Joghurt
1 TL Currypulver, mild
1 TL Senf, mittelscharf
½ Limette, Saft davon
etwas Salz & Pfeffer

ZUBEREITUNG

Hähnchenbrust in kleine Würfel schneiden und mit Salz, Pfeffer, Currypulver und Öl vermengen. In den Varoma geben. 500 g Wasser in den Mixtopf füllen, Varoma aufsetzen und das Fleisch **20 Min./Varoma/Stufe 1** garen.

In der Zwischenzeit Spargel, Mandarinen und Champignons gut abtropfen lassen (ggf. auf ein Küchenkrepp geben). Alles in eine Schüssel geben.

Nach Garzeitende Hähnchenwürfel etwas abkühlen lassen und mit in die Schüssel geben. Mixtopf leeren.

Für das Dressing alle Zutaten in den Mixtopf geben und **10 Sek./Stufe 10** mixen. Dressing über den Salat geben und gut vermengen. Im Kühlschrank mind. 6 Stunden oder über Nacht durchziehen lassen. Zum Servieren in kleinen Gläsern anrichten.

Veggie-Variante

Statt Hähnchenbrust können Sie 125 g Nudeln (Trockengewicht) verwenden. Somit bereiten Sie einen leckeren Curry-Nudelsalat zu.

Pro Glas: 189 kcal · 4,5 g KH · 16 g EW · 12 g Fett

100 MIN.

+ 1 Std. Kühlzeit

Chicken PINWHEELS

Mexican Style!

ZUTATEN

3 gr.	Tortillafladen / Dürüm (Ø 28 cm)

Für das Pulled Chicken

500 g	Hähnchenbrustfilets
3 EL	Tomatenketchup
1 TL	Koriander, gem.
1 TL	Kreuzkümmel, gem.
½ TL	Pfeffer, gem.
1 TL	Salz
1 TL	Paprikapulver, edelsüß
1 TL	Senf, mittelscharf

Außerdem

1 Handvoll Koriander

300 g	Doppelrahmfrischkäse
150 g	Cheddar, gerieben
1 kl.	rote Paprika, fein gewürfelt
½ TL	Paprikapulver, edelsüß
2 TL	Worcestersauce
1 EL	Limettensaft
einige	Spritzer Tabasco
etwas	Salz & Pfeffer

ZUBEREITUNG

Backofen auf 150°C Umluft vorheizen. Hähnchenbrustfilets in eine Auflaufform geben. Für die Marinade alle Zutaten verrühren, über das Hähnchen geben und vermengen. Auflaufform mit Alufolie abdecken und für 1,5 Std. in den vorgeheizten Backofen geben.

Hähnchenfleisch vollständig abkühlen lassen. Koriander in den Mixtopf geben und **5 Sek./Stufe 6** zerkleinern. Nun Hähnchen zugeben und **5 Sek./Stufe 4** mixen. Restliche Zutaten zugeben und **10 Sek./↺/Stufe 3-4** vermengen.

Masse auf die Tortillafladen streichen, aufrollen und 1 Std. durchkühlen lassen. Danach in Scheiben schneiden und auf einer Platte anrichten.

Tipp Masse bereits am Vortag zubereiten und im Kühlschrank lagern. 2 Std. vor dem Bestreichen aus dem Kühlschrank nehmen.

30-35 Stück

Tipp Fertige Rollen ca. 30 Min. ins Gefrierfach geben, dann lassen sie sich besser schneiden.

Pro Stück (33): 84 kcal · 5 g KH · 6 g EW · 4 g Fett

15 MIN.

+ 1 Std. Kühlzeit

PINWHEELS mit Thunfisch

ca. 20 Stück

ZUTATEN

2 gr. Tortillafladen / Dürüm (Ø 28 cm)
1 Handvoll Petersilie
200 g Doppelrahmfrischkäse
50 g Mayonnaise
1 Glas weißes Thunfischfilet (Abtr.gew. 126 g)
1 Spritzer Zitronensaft
½ TL Paprikapulver, edelsüß
etwas Salz & Pfeffer
½ rote Spitzpaprika

ZUBEREITUNG

Petersilie im Mixtopf **7 Sek./Stufe 7** hacken. Restliche Zutaten (außer Paprika) zugeben und **20 Sek./Stufe 4** mixen.

Paprika sehr fein würfeln, mit in den Mixtopf geben und **5 Sek./ ↺ /Stufe 4** unterrühren.

Masse auf die Tortillafladen streichen, aufrollen und 1 Std. durchkühlen lassen. Danach in Scheiben schneiden und auf einer Platte anrichten.

Pro Stück: 74 kcal · 4 g KH · 3 g EW · 5 g Fett

15 MIN.

Antipasti-SCHÄLCHEN

Idee

Eine tolle Idee für das Fingerfood-Buffet sind kleine Antipasti-Schälchen. Hierzu haben wir ein paar Vorschläge, womit die Schälchen befüllt werden können. Wir haben kleine Bambusschälchen verwendet.

Ideen zum Befüllen:

- Salami-Sticks
- Serranoschinken
- Salzbrezeln / Cracker
- verschiedene Käsesorten (in Streifen)
- Oliven
- Cornichons
- getrocknete Tomaten
- Gemüsesticks (Gurke, Paprika ...)
- Tomaten
- Beeren
- Weintrauben
- Feigen

10 Stück

Pro Stück: 297 kcal · 31 g KH · 13 g EW · 13 g Fett

20 MIN.

Mango-Garnelen-WRAPS

ZUTATEN

5 gr. Tortillafladen / Dürüm (Ø 28 cm)
1 Dose Mango (Abtr.gew. 250 g)
250 g Doppelrahmfrischkäse
1 TL Currypulver
etwas Salz & Pfeffer
1 Handvoll Petersilie
75 g Crème fraîche
½ TL Chiliflocken
1 TL Zitronensaft
etwas Salz & Pfeffer
450 g Garnelen, küchenfertig
etwas Öl zum Anbraten
½ Salatgurke
1 kl. rote Paprika
3 Frühlingszwiebeln
2 gr. Handvoll Rucola

ZUBEREITUNG

Mango absieben und 60 g Mango in den Mixtopf geben. Frischkäse, Currypulver und etwas Salz und Pfeffer zugeben und **20 Sek./Stufe 3.5** verrühren. Umfüllen. Mixtopf spülen.

Petersilie im Mixtopf **5 Sek./Stufe 7** hacken. Crème fraîche, Chiliflocken, Zitronensaft sowie etwas Salz und Pfeffer zugeben und **8 Sek./Stufe 4** vermengen. Umfüllen. Nun die Garnelen in einer Pfanne mit Öl anbraten. Danach zur Crème-fraîche-Mischung geben und vermengen (siehe Bild).

Nun die Wraps füllen: Hierzu restliche Mango würfeln, Gurke in Scheiben hobeln, Paprika in dünne Streifen schneiden und Frühlingszwiebeln in Ringe schneiden. Die Fladen komplett mit der Frischkäsemasse bestreichen und mittig mit Rucola, Gurke, Mango, Paprika, Frühlingszwiebelringen und Garnelen belegen. Aufrollen und mittig halbieren.

Pro Sandwich: 335 kcal · 21 g KH · 10 g EW · 23 g Fett

15 MIN.

TRAMEZZINI mit Thunfischcreme

ZUTATEN

5 gr. Scheiben Tramezzinibrot
etwas Salat
1 Fleischtomate oder Ochsenherztomate
2 EL grünes Pesto
etwas Salz & Pfeffer

Für die Thunfischcreme

150 g Mayonnaise
15 g Kapern
1 Glas weißer Thunfisch (Abtr.gew. 125 g)
etwas Limettenschalenabrieb
2-3 TL Limettensaft
etwas Pfeffer, gem.
etwas Salz

ZUBEREITUNG

Alle Zutaten für die Thunfischcreme in den Mixtopf geben und **20 Sek./Stufe 3.5** mixen.

Zum Belegen die Tomaten in dünne Scheiben schneiden, den Salat waschen und gut abtropfen lassen.

Nun wird belegt: Auf die erste Scheibe Brot etwas Salat legen, darüber die Hälfte der Thunfischcreme verstreichen und mit einer Scheibe Brot abschließen. Diese wird dann dünn mit Pesto eingestrichen, mit den Tomatenscheiben belegt und mit Salz und Pfeffer gewürzt. Die Reihenfolge einmal wiederholen und mit einer Scheibe Brot abschließen. Die Sandwiches zum Servieren diagonal durchschneiden.

Dazu passen:

Gefüllte Tomaten

Eine Handvoll Basilikum im Mixtopf **5 Sek./Stufe 7** zerkleinern. 2 Kugeln Burrata, etwas Zitronenschalenabrieb und 2 TL Zitronensaft sowie etwas Salz und Pfeffer zugeben und **10 Sek./Stufe 4** mixen. Ca. 14 kleine Rispentomaten halbieren, aushöhlen und mit der Burratacreme füllen.

Zum Servieren auf einem Teller anrichten und etwas Balsamicoglace darüber geben.

12 Portionen

10 MIN.

+ 2 Std. Kühlzeit

MELONEN-Gazpacho mit Parmaschinken-Melonen-Spießen

ZUTATEN

½	Cantaloupe-Melone (600 g)
2	orange Paprika (420 g)
1	Gemüsezwiebel (140 g)
7	gelbe Romatomaten (ca. 500 g)
1	Knoblauchzehe
200 g	Wasser
20 g	Olivenöl
1 EL	Apfelessig
1 TL	Salz
½ TL	Pfeffer, gem.
½ TL	Thymian, getr.
1 TL	Chiliflocken
1 TL	Gemüsebrühpulver

Für die Spieße

6 Scheiben Parmaschinken
½ Cantaloupe-Melone

Parmaschinken halbieren und aus der Melone Kugeln ausstechen oder in Würfel schneiden. Schinken aufrollen und mit Melone aufspießen.

ZUBEREITUNG

Melone, Paprika und Zwiebel in Stücke schneiden und in den Mixtopf geben. Tomaten zugeben und **10 Sek./Stufe 5** zerkleinern.

Restliche Zutaten zugeben und **1 Min./Stufe 10** pürieren. Umfüllen und mind. 2 Std. im Kühlschrank durchkühlen lassen.

Tipp Gazpacho in 3-Liter-Gefrierbeutel einfrieren. Bei Zimmertemparatur 24 Std. auftauen.

Pro Portion: 76 kcal · 10 g KH · 3 g EW · 3 g Fett

GURKEN-Gazpacho

mit Tomaten-Mozzarella-Spießen

12 Portionen

10 MIN.

+ 2 Std. Kühlzeit

ZUTATEN

4 Salatgurken, in Stücken
2 Knoblauchzehen
½ gelbe Peperoni, scharf
800 g Naturjoghurt, 3,5 %
1 gestr. TL Salz
etwas Pfeffer, frisch gem.
2 TL Vollrohrzucker
1 Limette, Saft davon
20 g Olivenöl

Für die Spieße

12 Cocktailtomaten
12 Mini-Mozzarellabällchen
12 Basilikumblätter

Je eine Cocktailtomate, ein Mozzarellabällchen und ein Blatt Basilikum auf ein Spießchen aufspießen und zur Gazpacho servieren.

ZUBEREITUNG

Gurken, Knoblauch und Peperoni in den Mixtopf geben und **10 Sek./Stufe 5** mixen. Restliche Zutaten für die Gazpacho zugeben und **1 Min./Stufe 10** pürieren. Umfüllen und mind. 2 Std. im Kühlschrank durchkühlen lassen.

Pro Glas ca. 150 g Gazpacho einfüllen.

Tipp Gazpacho in 3-Liter-Gefrierbeutel einfrieren. Bei Zimmertemparatur 24 Std. auftauen.

Pro Portion: 123 kcal · 8 g KH · 6 g EW · 7 g Fett

8 Schälchen

Rezept kann verdoppelt werden

Info

Ergibt ca. 1 kg Salat oder 8 Schalen à ca. 125 g

Tipp Wer keinen Lachs mag, kann gebratenes Hähnchenfleisch verwenden.

Pro Portion: 320 kcal · 28 g KH · 15 g EW · 16 g Fett

20 MIN.

Orientalischer COUSCOUSSALAT

ZUTATEN

250 g Couscous
50 g Rosinen
2 TL Ras el Hanout (Gewürz)
1 geh. TL Gemüsebrühpulver
425 g kochendes Wasser
1 gr. Frühlingszwiebel
100 g Cocktailtomaten
¼ Salatgurke
150 g Lachs, geräuchert
1 Glas Fetawürfel, in Öl (300 g)

Für das Dressing

1 Handvoll Minzeblätter
1 Handvoll Petersilie
50 g Olivenöl
1 Limette, Saft davon
1 TL Zucker
1 TL Weißweinessig
1 TL Harissapaste
½ TL Paprikapulver, edelsüß
½ TL Salz
etwas Pfeffer, frisch gem.

ZUBEREITUNG

Couscous, Rosinen, Ras el Hanout und Gemüsebrühpulver in eine Schüssel geben und mit kochendem Wasser übergießen. 15 Min. quellen lassen.

In dieser Zeit Frühlingszwiebel in Ringe, Tomaten und Gurke in Würfel schneiden. Zusammen mit dem Couscous in eine große Schüssel füllen.

Für das Dressing Minze und Petersilie **15 Sek./Stufe 5.5** zerkleinern. Restliche Dressingzutaten zugeben und **10 Sek./Stufe 3** mischen. Über den Salat geben und vermengen. In kleine Schalen füllen und mit Lachs und Fetawürfeln garnieren.

Tipp Träufel noch etwas Limettensaft über den Lachs!

12 kl. Gläser

15 MIN.

DIP IT Kräuterquark mit Gemüsesticks

ZUTATEN

1 kl.	Knoblauchzehe
500 g	Magerquark
200 g	Naturjoghurt, 3,5%
100 g	Schmand
½ TL	Paprikapulver, edelsüß
½ TL	Zwiebel, granuliert
½	Knoblauch, granuliert
¼	Pfeffer, gem.
½	Salz
2 EL	TK-Kräuter (8-Kräuter-Mischung)

1 Spritzer Limettensaft

ZUBEREITUNG

Knoblauch im Mixtopf **5 Sek./Stufe 5** hacken. Restliche Zutaten zugeben und **20 Sek./Stufe 4** mixen.

Kräuterquark in 12 kleine Gläser füllen und mit Gemüsesticks nach Wahl garnieren (z.B. 2 Stangen Sellerie, 12 Snack-Karotten, ½ rote und ½ gelbe Paprika sowie ¼ Gurke).

Pro Glas: 76 kcal · 6 g KH · 7 g EW · 2,5 g Fett

5 MIN.

LACHSCREME
für Häppchen

ca. 25 Portionen

ZUTATEN

200 g Räucherlachs
200 g Doppelrahmfrischkäse
100 g Schmand
1 TL Dill, getr.
1 Spr. Zitronensaft
etwas Salz & Pfeffer

ZUBEREITUNG

Alle Zutaten in den Mixtopf geben und **20 Sek./Stufe 4** mixen. Creme in einen Spritzbeutel füllen und auf Cracker oder in Blätterteig-Förmchen füllen.

Tipp Kann auch prima als Aufstrich für Baguettescheiben verwendet werden.

Pro 20 g: 43 kcal · 1 g KH · 2 g EW · 4 g Fett

Auf einem bayerischen Buffet darf auf keinen Fall „a gscheida Obazda" fehlen. Wir haben gleich drei leckere Varianten zur Auswahl!

10 MIN.

Dreierlei

OBATZTER

Tomate-Basilikum

ZUTATEN

25 g getr. Tomaten, ohne Öl
1 Knoblauchzehe
1 EL Olivenöl
75 g Camembert
200 g Doppelrahmfrischkäse
1 Handvoll Basilikumblätter
etwas Salz & Pfeffer

ZUBEREITUNG

Getrocknete Tomaten mit kochendem Wasser übergießen und 10 Min. ziehen lassen. Knoblauch im Mixtopf **5 Sek./Stufe 5** zerkleinern. Mit dem Spatel nach unten schieben, Öl zugeben und **2 Min./Varoma/Stufe 1** dünsten. Tomaten trocken tupfen, zusammen mit Basilikumblättern hinzufügen und **5 Sek./Stufe 7.5** zerkleinern.

Restliche Zutaten hinzufügen und **10 Sek./Stufe 3.5** zerkleinern. Alles mit dem Spatel vom Mixtopfrand nach unten schieben und erneut **15 Sek./Stufe 3.5** cremig rühren.

Pro 30 g: 81 kcal · 1 g KH · 2,5 g EW · 7 g Fett

Klassisch

ZUTATEN

½ Zwiebel
1 EL Butter
200 g würziger Camembert (z.B. Saint Albray)
200 g Doppelrahmfrischkäse
2 EL Bier
1 TL Paprikapulver, edelsüß
½ TL Salz
¼ TL Pfeffer, gem.

ZUBEREITUNG

Zwiebel im Mixtopf **5 Sek./Stufe 5** zerkleinern. Mit dem Spatel nach unten schieben, Butter zugeben und **2 Min./Varoma/Stufe 1** dünsten.

Restliche Zutaten hinzufügen und **10 Sek./Stufe 3.5** zerkleinern. Alles mit dem Spatel vom Mixtopfrand nach unten schieben und erneut **15 Sek./Stufe 3.5** cremig rühren.

Pro 30 g: 81 kcal · 1 g KH · 3 g EW · 7 g Fett

Aprikosen-Rosmarin-OBATZTER

5 MIN.

ZUTATEN

1	Rosmarinzweig
60 g	Soft-Aprikosen
200 g	Doppelrahm-frischkäse
125 g	Camembert
½ TL	Salz
¼ TL	Paprikapulver, edelsüß
¼ TL	Currypulver
¼ TL	Pfeffer, gem.

ZUBEREITUNG

Rosmarinnadeln und Soft-Aprikosen in den Mixtopf geben und **4 Sek./Stufe 6** zerkleinern. Restliche Zutaten hinzufügen und **10 Sek./Stufe 3.5** zerkleinern. Alles mit dem Spatel vom Mixtopfrand nach unten schieben und erneut **15 Sek./Stufe 3.5** cremig rühren.

Pro 30 g: 87 kcal · 4 g KH · 3 g EW · 7 g Fett

16-18 Portionen

10 MIN.

+ 1 Std. Kühlzeit

Gefüllte LEBERKÄSE-BREZL

ZUTATEN

etwas gehackte Petersilie
150 g Leberkäseaufschnitt
175 g Kräuterfrischkäse
2 gr. Laugenstangen

ZUBEREITUNG

Petersilie im Mixtopf **5 Sek./Stufe 7** hacken. Leberkäse in Würfel schneiden, zugeben und **7 Sek./Stufe 5** mixen. Alles mit dem Spatel nach unten schieben. Frischkäse zugeben und **30 Sek./Stufe 3** verrühren.

Von den Laugenstangen die Enden abschneiden und jede Stange aushöhlen. Mithilfe eines langen Löffels die Leberkäsecreme in die Stangen drücken. Für 1 Std. in den Kühlschrank stellen und dann in Scheiben schneiden.

Tipp Serviert dazu noch Käse-Weintrauben-Spieße!

Pro Portion: 111 kcal · 6 g KH · 4 g EW · 8 g Fett

5 MIN.

Spanischer Tomaten-Mandel-AUFSTRICH

ZUTATEN

50 g	Rauchmandeln (altern. Salzmandeln)
1 Glas	getr. Tomaten in Öl (280 g)
30 g	Oliven, entsteint
1 EL	Tomatenmark
200 g	Doppelrahmfrischkäse
1 TL	Thymian, getr.
etwas	Salz & Pfeffer

ZUBEREITUNG

Mandeln in den Mixtopf geben und **3 Sek./Stufe 6-7** grob hacken. Umfüllen. Getrocknete Tomaten absieben, dabei 2 EL Öl auffangen. Tomaten und Öl zusammen mit den Oliven in den Mixtopf geben. **5 Sek./Stufe 6** zerkleinern. Mandeln und restliche Zutaten zugeben und **20 Sek./Stufe 4** mixen.

Pro 50 g: 178 kcal · 2 g KH · 3 g EW · 18 g Fett

5 MIN.

Dattel-
DIP I AUFSTRICH

ZUTATEN

150 g	Datteln, entsteint
1	Knoblauchzehe
1 TL	Harissapaste
200 g	Doppelrahm-frischkäse
200 g	saure Sahne
½ TL	Paprikapulver, rosenscharf
½ TL	Currypulver
¼ TL	Pfeffer, gem.
½ TL	Salz

ZUBEREITUNG

Datteln und Knoblauch im Mixtopf **10 Sek./Stufe 8** hacken.

Restliche Zutaten zugeben und **10 Sek./Stufe 5** mixen. Fertig!

Tipp Der Dip ist nach der Zubereitung cremig. Lässt man diesen mehrere Stunden im Kühlschrank durchziehen, erhält man einen Aufstrich.

 Pro 50 g: 108 kcal · 10 g KH · 2 g EW · 6 g Fett

Pro Portion: 135 kcal · 10 g KH · 3 g EW · 8 g Fett

20 MIN.

Aus dem Glas PASTA-CAPRESE

ZUTATEN

6	Basilikumblätter
1 Dose	stückige Tomaten (400 g)
½ TL	Salz
1 TL	Paprikapulver, rosenscharf
1 TL	ital. Kräuter, getr.
ca. 100 g	gekochte Nudeln

Außerdem

1	Knoblauchzehe
10	Basilikumblätter
30 g	Olivenöl
2 EL	Balsamicoessig, hell
1 Kugel	Mozzarella (125 g)
150 g	kl. Rispentomaten
2 EL	Pinienkerne, geröstet

ZUBEREITUNG

6 Blätter Basilikum im Mixtopf **5 Sek./Stufe 7** zerkleinern. Stückige Tomaten, Salz, Paprikapulver und ital. Kräuter zugeben und **5 Sek./Stufe 3** mischen. Auf 6 Gläser aufteilen. Nudeln darauf verteilen. Mixtopf mit Wasser spülen.

Knoblauch und 10 Basilikumblätter im Mixtopf **5 Sek./Stufe 7** zerkleinern. Öl und Balsamicoessig zugeben. Mozzarella und Tomaten klein würfeln und zugeben. **3 Sek./Stufe 3** mischen. Auf die Gläser verteilen.

Mit Pinienkernen und Basilikum dekorieren. Bis zum Servieren kalt stellen.

Tipp Wer mag, kann noch etwas Parmaschinken oder Grissini mit ins Glas geben.

6 Portionen

Pro Portion: 307 kcal · 26 g KH · 12 g EW · 16 g Fett

30 MIN.

Italienischer BROTSALAT

ZUTATEN

Für das Varoma-Gemüse

1 rote Paprika
200 g Champignons
500 g Zucchini
2 rote Zwiebeln

Für die Marinade

1 EL Olivenöl
1 EL ital. Kräuter, getr.
1 TL Salz
¼ TL Pfeffer, gem.

Für das Dressing

1 gr. Handvoll Basilikumblätter
1 Knoblauchzehe
50 g Olivenöl
30 g Balsamicoessig, dunkel
30 g Balsamicoessig, hell
1 TL Honig
½ TL Salz
¼ TL Pfeffer, gem.

Außerdem

2 Baguette-Brötchen
250 g Cocktailtomaten
ca. 80 g Rucola
100 g Parmesan-Flakes

ZUBEREITUNG

Varoma-Gemüse in mundgerechte Stücke schneiden und im Varoma sowie auf dem Einlegeboden verteilen. 500 g Wasser in den Mixtopf füllen und Varoma aufsetzen. Das Gemüse **17 Min./Varoma/Stufe 1** garen.

In der Zwischenzeit Baguette-Brötchen in Scheiben schneiden, mit etwas Olivenöl beträufeln und auf ein mit Backpapier belegtes Backblech geben. Im vorgeheizten Backofen bei 200°C Ober-/Unterhitze ca. 5 Min. rösten.

Nach Garzeitende Gemüse in eine Schüssel geben, alle Zutaten für die Marinade zugeben und gut vermengen. Abkühlen lassen.

Für das Dressing Basilikum und Knoblauch im Mixtopf **5 Sek./Stufe 5** hacken. Restliche Zutaten zugeben und **10 Sek./Stufe 3** mixen.

Cocktailtomaten halbieren und zusammen mit Rucola und Parmesan-Flakes zu dem Varoma-Gemüse geben. Geröstetes Baguette in mundgerechte Stücke zerteilen und zugeben. Salat mit Dressing gut vermengen und servieren.

Alternativ kann man auch die Zutaten auf einer Salatplatte anrichten und das Dressing darüber träufeln.

6 Portionen

Tipp Kann bereits am Vortag zubereitet werden. Im Kühlschrank aufbewahren.

Pro Portion: 422 kcal · 9 g KH · 3 g EW · 39 g Fett

60 MIN.

+ 24 Std. Marinierzeit

ANTIPASTI aus dem Ofen

ZUTATEN

1 großes Blech Gemüse
(z.B. 1 Aubergine, 2 kleine Zucchini, 100 g Champignons, 1 rote Zwiebel, 1 gelbe und 1 rote Paprika)

Für die Marinade

3	Knoblauchzehen
250 g	Olivenöl
1 TL	Salz
1 TL	Thymian, getr.
1 TL	Oregano, getr.
1 TL	Basilikum, getr.
1 TL	Rosmarinnadeln
2 EL	Balsamicoessig, dunkel

ZUBEREITUNG

Knoblauch im Mixtopf **5 Sek./Stufe 5** hacken. Restliche Zutaten für die Marinade zugeben und **10 Sek./Stufe 3** mixen. Umfüllen und über Nacht durchziehen lassen.

Gemüse klein schneiden. Nicht zu dünn! Die Auberginen und Zucchinischeiben dürfen ruhig 1,5 cm dick sein. Gemüse auf ein mit Backpapier belegtes Backblech geben und mit der Marinade übergießen. Etwas vermengen. Im vorgeheizten Backofen bei 180°C Umluft 12 Min. backen. Ofen ausschalten, nicht öffnen und das Gemüse noch 40 Min. durchziehen lassen. Fertig!

Tipp Das Gemüse kann man beliebig ergänzen, z.B. mit Oliven, Artischocken, Tomaten, Mozzarella, Serranoschinken usw.

15 MIN.

+ 24 Std. Kühlzeit

Geschichteter 24 STD. SALAT

mit Joghurt-Dressing

ZUTATEN

½	kl. Chinakohl
2	rote Zwiebeln
1	rote Paprika
1	orange Paprika
1 Dose	Mais (Abtr.gew. 285 g)
1 Dose	Kidneybohnen (Abtr.gew. 250 g)
1 Dose	Erbsen (Abtr.gew. 265 g)
2-3	Frühlingszwiebeln

Für das Dressing

1 Handvoll Petersilie

250 g	griech. Joghurt
250 g	Salatmayonnaise
1 TL	Salz
½ TL	Paprikapulver, edelsüß
¼ TL	Pfeffer, gem.
2 EL	Zitronensaft, frisch gepresst

Glasgefäß:
Ø 18 cm, 20 cm hoch

ZUBEREITUNG

Chinakohl in feine Streifen schneiden, waschen und gut trocknen. In ein Gefäß oder eine Schüssel geben. Zwiebeln in Ringe schneiden und darauf geben. Paprika klein würfeln und als nächste Schicht darauf verteilen. Mais, Bohnen und Erbsen absieben, waschen und der Reihe nach auf den Salat schichten. Frühlingszwiebeln in feine Ringe schneiden und beiseitelegen.

Für das Dressing Petersilie in den Mixtopf geben und **5 Sek./Stufe 8** hacken. Restliche Zutaten für das Dressing zugeben und **10 Sek./Stufe 3.5** mixen. Über den Salat geben und Frühlingszwiebelringe darauf verteilen. Mit Folie abdecken und 24 Std. im Kühlschrank durchziehen lassen.

Tipp Wer möchte, kann noch Schinkenwürfel mit einschichten.

10 Portionen

Rezept kann verdoppelt werden

Ideal für die nächste Grillparty!

Pro Portion: 272 kcal · 12 g KH · 8 g EW · 20 g Fett

10 Portionen
Rezept kann verdoppelt werden

Info Ergibt ca. 2 kg Salat. Kann auch in kleinen Schalen à 180-200 g angerichtet werden.

Pro Portion: 244 kcal · 27 g KH · 9 g EW · 10 g Fett

20 MIN.

GLASNUDELSALAT mit Gambas

ZUTATEN

250 g Glasnudeln
1 Mango
2 Frühlingszwiebeln
80 g Cashewkerne
500 g Garnelen
2 Pak Choi (à ca. 100 g)
etwas Öl zum Anbraten
etwas Salz & Pfeffer

Für das Dressing

1 rote Chilischote, entkernt
2 Knoblauchzehen
25 g Ingwer
25 g neutrales Öl (o. Sesamöl)
2 Limetten, Saft davon
1 Handvoll Koriander, frisch gehackt
60 g Sojasauce, dunkel
30 g Erdnussmus (altern. Tahin-Sesampaste)
1 EL Wasser
1 EL Kokosöl
etwas Salz & Pfeffer
etwas Chiliflocken

ZUBEREITUNG

Glasnudeln nach Packungsanweisung garen, kalt abschrecken und in eine Schüssel geben. Mango würfeln und Frühlingszwiebeln in Ringe schneiden. Zu den Nudeln geben. Cashewkerne in einer Pfanne ohne Fett rösten und danach in den Mixtopf geben. **3 Sek./Stufe 5.5** hacken. Zu den Nudeln geben. Pak Choi in Streifen schneiden und zusammen mit den Garnelen in einer Pfanne mit etwas Öl anbraten. Das Ganze mit Salz und Pfeffer würzen. Abkühlen lassen und ebenso zum Salat geben.

Für das Dressing Chili, Knoblauch und Ingwer in den Mixtopf geben und **5 Sek./Stufe 6** hacken. Mit dem Spatel nach unten schieben. Öl zugeben und **3 Min./100°C/Stufe 1** dünsten. Restliche Zutaten für das Dressing zugeben und **10 Sek./Stufe 4** mixen. Über den Salat geben, alles gut vermengen und servieren.

Pak Choi

Cremiges Erdnuss-Limetten-Dressing

Salat vorbereiten

Der Salat kann gut vorbereitet werden, jedoch das Dressing erst vor dem Servieren zugeben.

50 MIN.

Loaded AUBERGINEN DIP

ZUTATEN

2 Auberginen
ca. 4 EL Olivenöl
1 Knoblauchzehe
100 g griech. Joghurt
1 TL Sumac Gewürz
1 TL Zitronensaft
2 TL Tahin (Sesampaste)
etwas Salz & Pfeffer
1 EL Olivenöl

Für das Topping

100 g Salatgurke
3 Rispentomaten
2 EL geröstete Pinienkerne
etwas Petersilie

ZUBEREITUNG

Auberginen längs halbieren und die Schnittfläche mit Olivenöl bepinseln. Mit der Schnittseite nach unten auf ein mit Backpapier belegtes Backblech legen. Im vorgeheizten Backofen bei 220°C Umluft ca. 35-40 Min. garen.

Knoblauch in den Mixtopf geben und **5 Sek./Stufe 5** zerkleinern. Auberginen samt Haut zugeben und **5 Sek./Stufe 5** zerkleinern. Joghurt zugeben und erneut **5 Sek./Stufe 5** mixen. Alles mit dem Spatel nach unten schieben. Restliche Zutaten zugeben und **1 Min./Stufe 3** cremig rühren.

Gurke und Tomaten in Würfel schneiden und Petersilie fein hacken. Dip in eine Schale umfüllen. Gurken- und Tomatenwürfel darauf geben und mit Pinienkernen und Petersilie bestreuen.

10 Portionen

Rezept kann verdoppelt werden

Pro Portion: 119 kcal · 3 g KH · 2 g EW · 10 g Fett

Pro Stück: 465 kcal · 19 g KH · 12 g EW · 37 g Fett

20 MIN.

Caprese-SCHIFFCHEN

ZUTATEN

2 Rollen Blätterteig
1 Maxirolle Mozzarella (250 g)
7 kl. Rispentomaten (altern. 3 Romatomaten)

Für die Pestocreme

1 Knoblauchzehe
100 g Parmesan, in Stücken
60 g geröstete Pinienkerne
2 gr. Handvoll Basilikum
1 EL Zitronensaft
100 g Olivenöl

ZUBEREITUNG

Für die Pestocreme Knoblauch, Parmesan, Pinienkerne und Basilikum in den Mixtopf geben und **8 Sek./Stufe 8** mixen. Zitronensaft und Olivenöl zugeben und **6 Sek./Stufe 3** vermengen.

Blätterteig längs halbieren und in 10 Rechtecke schneiden. Auf jedes Rechteck einen Teelöffel Pestocreme geben und etwas verstreichen. Mit einer Mozzarella- und Tomatenscheibe belegen. Die gegenüberliegenden Ecken übereinander in die Mitte falten (s. Bild). Gut überlappend, damit die Schiffchen beim Backen nicht aufgehen.

Blätterteig-Schiffchen im vorgeheizten Backofen bei 200 C° Umluft 10-12 Min. backen.

Pro Stück: 146 kcal · 6 g KH · 5 g EW · 11 g Fett

25 MIN.

Lachs-Blätterteig-HÄPPCHEN

ZUTATEN

1 Rolle Blätterteig
1 Eigelb
1 EL Milch
1-2 EL schwarzer Sesam

Für die Füllung

1 kl. Knoblauchzehe
1 Handvoll Dill, entstielt
200 g Doppelrahmfrischkäse
1 Portion Senf, mittelscharf (haselnussgroß)
etwas Salz & Pfeffer
200 g Räucherlachs
etwas Zitronensaft
½ Salatgurke

ZUBEREITUNG

Backofen auf 180°C Umluft vorheizen. Blätterteig in 16 kleine Rechtecke schneiden. Auf ein mit Backpapier belegtes Backblech setzen. Eigelb mit Milch verquirlen und Blätterteig damit einpinseln. Mit Sesam bestreuen und im vorgeheizten Backofen ca. 10-15 Min. backen.

Danach abkühlen lassen und in der Mitte quer aufschneiden, sodass man einen Boden und Deckel erhält. Für die Füllung Knoblauch und Dill im Mixtopf **5 Sek./Stufe 8** hacken. Frischkäse, Senf und etwas Salz und Pfeffer zugeben und **10 Sek./Stufe 3** vermengen.

Die Blätterteigböden mit Frischkäsecreme bestreichen und mit Lachs belegen. Mit etwas Zitronensaft beträufeln. Gurke in feine Scheiben hobeln, auf den Lachs legen und den Deckel darauf setzen.

Tolle Ergänzung für's Frühstücksbuffet!

8 Stück

20 MIN.

HOT DOGS aus dem Ofen

Idee

ZUTATEN

8 Hot Dog Brötchen
16 Scheiben Scheiblettenkäse
8 Hot Dog Würstchen
etwas Öl

Außerdem

Gewürzgurken
Röstzwiebeln
Ketchup
Senf

ZUBEREITUNG

Hot Dogs in eine Auflaufform legen und mit je 2 Scheiben Käse füllen. Würstchen mit einem Messer einschneiden und in das Brötchen legen. Mit Öl bepinseln. Die Form kommt bei 170°C Umluft ca. 10 Min. in den vorgeheizten Backofen. Fertig!

Danach kann jeder nach Lust und Laune noch Röstzwiebeln, Ketchup, Senf oder Gewürzgurken zugeben.

Sandwich-CREME

Ideal für alle Sandwiches!

für ca. 24 Sandwiches

5 MIN.

ZUTATEN

1	Knoblauchzehe
1	Schalotte
1 EL	Öl
30 g	Cornichons
200 g	Mayonnaise
200 g	saure Sahne
1 EL	Senf, mittelscharf
1 TL	Thymian, getr.
½ TL	Paprikapulver, edelsüß
½ TL	Knoblauch, granuliert
½ TL	Zwiebel, granuliert
etwas	Salz & Pfeffer

ZUBEREITUNG

Knoblauch und Schalotte in den Mixtopf geben und **5 Sek./Stufe 5** zerkleinern. Mit dem Spatel nach unten schieben. Öl zugeben und **2 Min./Varoma/Stufe 1** dünsten. Restliche Zutaten zugeben und **40 Sek./Stufe 4** mixen. Creme auf Sandwichbrot streichen und nach Lust und Laune belegen.

Tipp Wir wär´s mal mit einem Sandwich-Buffet?

Hierzu softes Sandwichbrot kaufen, mit Creme bestreichen und belegen. Kurz auf einen Kontaktgrill geben, bis das Brot knusprig ist. Danach in Bechern servieren. Schmeckt auch kalt sehr lecker!

Pro Portion (24): 76 kcal · 1 g KH · 0,5 g EW · 8 g Fett

12 Stück

Pro Stück: 258 kcal · 28 g KH · 8 g EW · 12 g Fett

35 MIN.

Winzer KÄSETALER

ZUTATEN

Für den Teig

230 g Wasser
½ Würfel frische Hefe
1 TL Zucker
400 g Pizzamehl
1 TL Salz
1 EL Öl

Für den Belag

200 g Schmand
1 Eigelb
1 Msp. Muskat, gem.
etwas Salz & Pfeffer
250 g Weintrauben
1 gr. rote Zwiebel
50 g Walnusskerne
100 g geriebener Bergkäse
ein paar Rosmarinnadeln

ZUBEREITUNG

Wasser, Hefe und Zucker im Mixtopf **2 Min./37°C/Stufe 2** erwärmen. Mehl, Salz und Öl zugeben und **2 Min./Teigstufe** kneten. Den Teig im Mixtopf 15 Min. gehen lassen. Backofen auf 180°C Umluft vorheizen.

Teig in 12 Portionen teilen und zu runden Fladen formen. Schmand, Eigelb, Muskat sowie Salz und Pfeffer in einer kleinen Schüssel verrühren und je 1 EL der Masse auf die Teiglinge geben und verstreichen. Mit halbierten Trauben belegen. Zwiebel in feine Spalten schneiden und auf den Teigstücken verteilen. Walnusskerne mit einem Messer grob hacken und darüber streuen. Mit Bergkäse bestreuen und im Backofen ca. 15 Min. backen. Vor dem Servieren mit Rosmarinnadeln bestreuen.

Tipp Perfekt im Herbst zu einem privaten Weinfest! Schmeckt warm und kalt.

Pro Stück: 151 kcal · 10 g KH · 8 g EW · 9 g Fett

65 MIN.

Bunte NUDEL-TORTILLA

ZUTATEN

200 g Hörnchennudeln
150 g Cocktailtomaten
180 g Fetakäse
1 Handvoll Petersilie
1 Knoblauchzehe
1 Zwiebel, halbiert
2 EL Öl
6 Eier (Gr. M)
50 g Sahne
¼ TL Cayennepfeffer
¼ TL Muskat, gem.
1 TL Paprikapulver, edelsüß
1 gestr. TL Salz
¼ TL Pfeffer, gem.
100 g geriebener Mozzarella

Auflaufform: ca. 20 x 30 cm

ZUBEREITUNG

Nudeln nach Packungsanweisung garen, abgießen, abschrecken und abtropfen lassen. In eine große Schüssel geben. Backofen auf 160°C Umluft vorheizen. Cocktailtomaten klein würfeln und zu den Nudeln geben. Fetakäse mit den Händen darüber bröseln. Petersilie hacken und zugeben.

Knoblauch und Zwiebel im Mixtopf **5 Sek./Stufe 6** hacken. Mit dem Spatel nach unten schieben. Öl zugeben und **2 Min./Varoma/Stufe 1** dünsten. Über die Nudeln geben.

Eier, Sahne und Gewürze in den Mixtopf geben und **10 Sek./Stufe 4** mixen. Über die Nudeln in die Schüssel gießen und gut vermengen.

Eine Auflaufform fetten, Nudelmasse einfüllen und glatt streichen. Im vorgeheizten Backofen 20 Min. garen. Nun geriebenen Käse darüber streuen und weitere 15-20 Min. garen. Tortilla abkühlen lassen und dann in beliebig große Stücke schneiden.

Tipp Wenn man die Tortilla in kleine Würfel schneidet, kann man diese mit einem Zahnstocher aufspießen. Perfekt für's Buffet!

90 MIN.

Garlic-Cheese-BREADSTICKS

ZUTATEN

Für den Teig

275 g Wasser, lauwarm
2 TL Zucker
½ Würfel frische Hefe
500 g Pizzamehl
1 EL Salz
1 EL Öl

Zum Bestreichen

50 g Butter
1 EL Olivenöl
1 TL Oregano, getr.
1 TL Knoblauch, granuliert
1 TL Zwiebel, granuliert
1 TL Salz
1 TL Oregano, getr.
1 EL geriebener Parmesan

ZUBEREITUNG

Wasser, Zucker und Hefe im Mixtopf **5 Sek./Stufe 5** mixen. Restliche Teigzutaten zugeben und **2 Min./Teigstufe** kneten. Umfüllen und abgedeckt ca. 1 Std. gehen lassen. Mixtopf spülen.

Teig zu einem Rechteck (nicht zu dünn) ausrollen und auf ein mit Backpapier belegtes Backblech setzen.

Butter und Öl im Mixtopf **3 Min./100°C/Stufe 2** schmelzen. Restliche Zutaten zugeben und **10 Sek./Stufe 2** mischen.

Den Teig damit bestreichen und in Streifen schneiden, am besten mit einem Pizzaroller. Nun Backofen auf 200°C Umluft vorheizen und die Teigstücke ca. 15 Min. backen.

Ideal zum Dippen!

Pro Stück: 127 kcal · 19 g KH · 3 g EW · 4 g Fett

12 Portionen

 Pro Portion: 229 kcal · 31 g KH · 9 g EW · 7 g Fett

60 MIN.

Mozzarella-SCHNECKE

ZUTATEN

220 g Wasser, lauwarm
60 g Milch, 1,5%
½ Würfel frische Hefe
2 TL brauner Zucker
1 TL Salz
500 g Pizzamehl

Außerdem

2 Kugeln Mozzarella (à 125 g)
1 Eigelb
1 EL Milch, 1,5%
1 EL Öl
1 TL ital. Kräuter, getr.
etwas Meersalz

ZUBEREITUNG

Wasser, Milch, Hefe, Zucker und Salz in den Mixtopf geben und **2 Min./37°C/Stufe 2** erwärmen. Mehl zugeben und **2 Min./Teigstufe** kneten. Teig in eine Schüssel umfüllen und abgedeckt ca. 30 Min. gehen lassen.

Backofen auf 200°C Umluft vorheizen. Teig auf der bemehlten Arbeitsfläche zu einem Kreis ausrollen (Ø ca. 30 cm) und auf ein mit Backpapier belegtes Backblech geben. Mit den Fingerkuppen Mulden in den Teigfladen drücken in Form einer zulaufenden Schnecke. Mozzarella in Streifen schneiden und in die Mulden legen.

Eigelb, Milch, Öl, ital. Kräuter und Meersalz in einer Schüssel verquirlen und den Teig damit bestreichen. Im vorgeheizten Backofen ca. 20 Min. backen.

SCHINKEN-KÄSE BROT Pizza Style

45 MIN.

ZUTATEN

230 g Wasser
½ Würfel frische Hefe
1 TL Zucker
400 g Pizzamehl
1 TL Salz
1 EL Öl

Für die Füllung

175 g Doppelrahmfrischkäse
2 TL Pizzagewürz
etwas Salz
200 g geriebener Käse (Gouda, Cheddar o.ä.)
100 g Kochschinken

Zum Bestreichen

1 Eigelb
1 EL Milch, 1,5%
1 TL Pizzagewürz

Warm oder kalt genießen!

ZUBEREITUNG

Wasser, Hefe und Zucker im Mixtopf **2 Min./37°C/Stufe 2** erwärmen. Mehl, Salz und Öl zugeben und **2 Min./Teigstufe** kneten. Den Teig im Mixtopf 15 Min. gehen lassen. Backofen auf 180°C Umluft vorheizen.

Teig auf etwas Mehl zu einem Rechteck ausrollen, dabei den Teig immer wieder wenden und etwas Mehl zugeben. Teigrechteck mit Frischkäse bestreichen und mit Pizzagewürz und etwas Salz würzen. Die Hälfte vom Käse darüber streuen, dann Schinken auslegen und mit restlichem Käse bestreuen. Von der langen Seite her aufrollen, links und rechts mit einer Schere einschneiden und etwas aufklappen. Auf ein mit Backpapier belegtes Backblech setzen. Eigelb und Milch verquirlen und das Brot damit einstreichen. Mit Pizzagewürz würzen und für ca. 20 Min. in den Backofen geben.

Pro Portion: 189 kcal · 19 g KH · 9 g EW · 9 g Fett

Cream-Cheese GARLIC-BREAD

2 STD.

Warm oder kalt genießen!

ZUTATEN

200 g Milch, 1,5%
100 g Wasser, lauwarm
100 g Öl
1 Würfel frische Hefe
50-60 g Zucker
650 g Weizenmehl, Type 405
1 TL Salz
1 Eiweiß

Zum Bestreichen

1 Eigelb
2 EL Milch, 1,5%

Für die Füllung

600 g Doppelrahmfrischkäse
4 TL Zucker
2 TL Salz

Für die Knoblauch-Butter

3 Knoblauchzehen
1 Handvoll Petersilie
1 TL Mayonnaise
1 Ei
120 g Butter
30 g Zucker
1 TL Salz
50 g Milch, 1,5%

ZUBEREITUNG

Milch, Wasser, Öl, Hefe und Zucker im Mixtopf **2 Min./37°C/Stufe 2** erwärmen. Mehl, Salz und Eiweiß zugeben und **4 Min./Teigstufe** kneten. Den Teig in eine leicht geölte Schüssel geben und abgedeckt ca. 1 Std. gehen lassen. Teig in 12 Portionen teilen und rund rollen. Die Teigstücke auf ein mit Backpapier belegtes Backblech setzen. Abgedeckt noch einmal ca. 20 Min. gehen lassen. In dieser Zeit den Backofen auf 180°C Umluft vorheizen. Eigelb und Milch in einer Tasse verrühren und die Brötchen damit bestreichen. Im vorgeheizten Backofen ca. 20 Min. backen. Danach abkühlen lassen.

In der Zwischenzeit Frischkäse mit Zucker und Salz entweder mit einem Schneebesen oder im Thermomix **20 Sek./Stufe 3** verrühren. Brötchen kreuzweise einschneiden (nicht durchschneiden) und mit der Frischkäsemasse füllen. Hierzu am besten einen Spritzbeutel mit Lochtülle verwenden.

Nun die Knoblauch-Butter-Mischung herstellen. Hierzu Knoblauch und Petersilie im Mixtopf **5 Sek./Stufe 6** zerkleinern. Restliche Zutaten zugeben und **4 Min./90°C/Stufe 2** schmelzen. Die Brötchen nun mit der Knoblauch-Butter-Mischung übergießen (überschüssige Butter auffangen, s. Bild) und wieder auf das Backblech setzen. Im Ofen noch einmal 8-10 Min. backen. Fertig! Schmecken warm oder kalt.

Pro Portion: 526 kcal · 51 g KH · 11 g EW · 30 g Fett

Pro Portion: 212 kcal · 28 g KH · 9 g EW · 7 g Fett

80 MIN.

Mediterranes KÄSEBROT

ZUTATEN

360 g Wasser
1 EL Zucker
1 TL Salz
½ Würfel Hefe
600 g Weizenmehl, Type 405
1 TL Oregano, getr.
2 P. Fetakäse (à 180 g, Salakis light)
etwas Öl
60 g Cheddar, gerieben
1 Handvoll Oregano

ZUBEREITUNG

Wasser, Zucker, Salz und Hefe in den Mixtopf und **2 Min./37°C/Stufe 1** erwärmen. Mehl und Oregano zugeben und **1 Min./Teigstufe** kneten.

Eine Packung Fetakäse in den Mixtopf bröseln und **1 Min./Teigstufe** unterkneten. Teig umfüllen und abgedeckt ca. 45 Min. gehen lassen.

Backofen auf 200°C Ober-/Unterhitze vorheizen. Ein Backblech mit Backpapier belegen und dieses etwas einölen. Mit eingeölten Händen den Teig auf das Backblech geben und zu einem rechteckigen Fladen formen. Die zweite Packung Fetakäse darüber bröseln und mit Cheddar bestreuen.

Brot in den vorgeheizten Backofen geben und 20-25 Min. backen. Vor dem Servieren mit etwas frischen Oregano bestreuen.

80 MIN.

Gefüllte Party-BRÖTCHEN mit Mozzarella

ZUTATEN

Für den Teig

½ Würfel frische Hefe
150 g Wasser, lauwarm
150 g Milch, 1,5%
1 TL Zucker
500 g Weizenmehl, Type 405
1 TL Salz

Außerdem

20 Mozzarellabällchen
1 Knoblauchzehe
1 Handvoll Petersilie
20 g Olivenöl

3 EL geriebener Parmesan
3 EL schwarzer Sesam
3 EL weißer Sesam

Zubehör: Springform, Ø 26-28 cm

ZUBEREITUNG

Zuerst Knoblauch und Petersilie im Mixtopf **5 Sek./Stufe 6** hacken. Olivenöl zugeben und **3 Sek./Stufe 5** vermengen. Umfüllen. Mixtopf spülen.

Für den Teig Hefe, Wasser, Milch und Zucker in den Mixtopf geben und **2 Min./37°C/Stufe 2** erwärmen. Mehl und Salz zugeben und **3 Min./Teigstufe** kneten. Teig aus dem Mixtopf nehmen und in eine leicht bemehlte Schüssel geben. Abgedeckt ca. 30-40 Min. gehen lassen.

Backofen auf 200°C Ober-/Unterhitze vorheizen. Teig in 20 Portionen teilen und mit einem Mozzarellabällchen füllen. Die Teigkugeln nebeneinander in eine mit Backpapier ausgelegte Springform legen. Teigkugeln mit Knoblauch-Kräuter-Öl bepinseln und mit Parmesan und Sesam bestreuen. Brötchen nun ca. 25 Min. backen.

Pro Portion: 156 kcal · 19 g KH · 6 g EW · 6 g Fett

ca. 25 Stück

Pizza-Bällchen

40 MIN.

ZUTATEN

250 g Magerquark
60 g Röstzwiebeln
80 g Milch, 1,5%
60 g Öl
1 TL Salz
1 EL Pizzagewürz
1 TL Zucker
300 g Mehl
1 P. Backpulver
200 g Käse, gerieben (z.B. Gouda)
100 g Katenschinken, gewürfelt

ZUBEREITUNG

Quark, Röstzwiebeln, Milch, Öl, Salz, Pizzagewürz und Zucker im Mixtopf **15 Sek./Stufe 4** mixen. Mehl und Backpulver zugeben und **15 Sek./Stufe 4** verrühren. Käse und Schinken zugeben und **1 Min./Teigstufe** kneten.

Aus dem Teig Bällchen formen und diese mit etwas Abstand auf ein mit Backpapier belegtes Backblech setzen. Im vorgeheizten Backofen bei 175°C Ober-/Unterhitze ca. 25-30 Min. backen.

Pro Bällchen: 126 kcal · 11 g KH · 6 g EW · 6 g Fett

12 Hörnchen

20 MIN.

Flammkuchen-HÖRNCHEN

ZUTATEN

1 Rolle	Hefeteig (400 g)
100 g	Doppelrahmfrischkäse
1	Eigelb
¼ TL	Muskat, gem.
¼ TL	Pfeffer, gem.
50 g	Katenschinkenwürfel
1	Frühlingszwiebel

ZUBEREITUNG

Hefeteig in 6 Quadrate teilen und diese diagonal halbieren, sodass 12 Dreiecke entstehen.

Frischkäse mit Eigelb, Muskat und Pfeffer im Mixtopf **10 Sek./Stufe 3** verrühren. Creme auf die Teigdreiecke streichen und mit Schinkenwürfel und Frühlingszwiebelringen bestreuen. Zu Hörnchen aufrollen und auf ein mit Backpapier belegtes Backblech geben.

Im vorgeheizten Backofen bei 180°C Umluft 10-15 Min. backen.

Pro Hörnchen: 136 kcal · 16 g KH · 4 g EW · 6 g Fett

Schmecken auch kalt am nächsten Tag!

Tipp Wer es gerne schärfer mag, kann vor dem Servieren noch etwas Chilipulver darüber streuen.

Pro Stück: 111 kcal · 9 g KH · 7 g EW · 5 g Fett

24 Stück

20 MIN.

TACO BOWL Bites

ZUTATEN

6 gr.	Tortillafladen / Dürüm (Ø 28 cm)
1 gr.	Zwiebel
2	Knoblauchzehen
1 EL	Öl
2 P.	vegetarisches „Hack“ (à 180 g)
50 g	Tomatenmark
80 g	Wasser
1 TL	Paprikapulver, edelsüß
½ TL	Kreuzkümmel, gem.
½ TL	Oregano, getr.
150 g	geriebener Cheddar
200 g	Sour Cream
1	Avocado
1	Limette, Saft davon
2	Tomaten
etwas	Koriander

ZUBEREITUNG

Tortillafladen in Quadrate schneiden und diese in je vier Teile schneiden, ergibt 24 Quadrate. Quadrate in eine Muffinform geben (s. Bild).

Zwiebel und Knoblauch in den Mixtopf geben und **5 Sek./Stufe 5** hacken. Mit dem Spatel nach unten schieben. Öl zugeben und **2 Min./Varoma/Stufe 1** dünsten. Hack, Tomatenmark, Wasser und Gewürze zugeben und **7 Sek./ ↺ /Stufe 3** mischen. In die vorbereiteten Tortillafladen füllen, mit Cheddarkäse bestreuen (bis auf 2 EL für die Deko) und im vorgeheizten Backofen bei 175°C Umluft ca. 10 Min. backen.

Aus der Form nehmen und auf einer Platte anrichten. In jede Bowl Sour Cream geben. Avocado in Würfel schneiden und mit Limettensaft vermengen. Tomaten ebenfalls in Würfel schneiden. Avocado- und Tomatenwürfel in die Förmchen geben und mit etwas geriebenem Cheddar und Koriander bestreuen.

CROSTINI

Kleine bunte Häppchen

Das perfekte Fingerfood - klein, bunt und super lecker! Und das Beste: Es gibt unzählig viele Varianten. Sie finden auf den nächsten Seiten Rezepte für verschiedene Aufstriche und Toppings.

Doch die wichtigste Zutat zuerst: BAGUETTE!

1 Baguette = 20 Scheiben

Aus einem Baguette erhält man ca. 20 Crostinis.

Baguette schräg in Scheiben schneiden und mit etwas Öl bepinseln. Für ca. 5 Min. bei 200°C Umluft in den vorgeheizten Backofen geben.

Weiter geht's auf der nächsten Seite

20 MIN.

Reicht für 12-14 Crostini

Avocado-Tomaten-CROSTINI

ZUTATEN

1 Avocado
1 EL Zitronensaft
100 g Cocktailtomaten

+ Avocado Creme
(s. Seite 79)

ZUBEREITUNG

Avocado in Würfel schneiden und mit Zitronensaft beträufeln. Cocktailtomaten vierteln. Auf den mit Avocadocreme bestrichenen Crostini verteilen.

Pro Crostini: 94 kcal · 7 g KH
2 g EW · 6 g Fett

Pro Crostini: 96 kcal · 7 g KH
4 g EW · 5 g Fett

Reicht für 12-14 Crostini

20 MIN.

Griechische CROSTINI

ZUTATEN

½	gelbe Paprika
½	Salatgurke
½	rote Zwiebel
1 EL	Olivenöl
2 TL	Rotweinessig
etwas	Salz & Pfeffer

+ Griechische Creme (s. Seite 79)

ZUBEREITUNG

Paprika, Gurke und Zwiebel klein würfeln. Mit restlichen Zutaten vermengen und auf den mit griechischer Fetacreme bestrichenen Crostini verteilen.

Reicht für 17-18 Crostini

Italienische CROSTINI

20 MIN.

ZUTATEN

1 Kugel	Mozzarella
½	rote Zwiebel
150 g	Cocktailtomaten
etwas	Balsamicocreme

+ Ricotta-Basilikum-Creme (s. Seite 78)
+ Basilikumpesto (s. Seite 78)

ZUBEREITUNG

Mozzarella und Tomaten in Scheiben schneiden. Zwiebel in feine Ringe schneiden. Crostini mit Ricotta-Basilikum-Creme bestreichen und mit Mozzarella, Tomate und Zwiebel belegen. Je einen Klecks Pesto und etwas Balsamicocreme darauf geben.

Pro Crostini: 101 kcal · 7 g KH
4 g EW · 6 g Fett

VARIANTE

Anstatt Mozzarella kann man auch Parmaschinken verwenden.

Basilikum- PESTO

ZUTATEN

1 Topf Basilikum
30 g Pinienkerne
40 g Olivenöl
1 TL Zitronensaft

ZUBEREITUNG

Basilikumblätter und Pinienkerne im Mixtopf **5 Sek./Stufe 6** zerkleinern. Mit dem Spatel nach unten schieben. Öl und Zitronensaft zugeben und **5 Sek./Stufe 2** mixen. Die Hälfte aus dem Mixtopf in ein Schälchen umfüllen. Die andere Hälfte wird für die Basilikum-Ricotta-Creme benötigt.

Pro 10 g: 48 kcal · 0,5 g KH
0,5 g EW · 5 g Fett

Basilikum- RICOTTA-CREME

Reicht für 17-18 Crostini

ZUTATEN

Hälfte Basilikumpesto (s. links)
250 g Ricotta
1 TL Salz
¼ TL Pfeffer, gem.
1 TL ital. Kräuter, getr.

ZUBEREITUNG

Alle Zutaten in den Mixtopf geben und **10 Sek./Stufe 3.5** mixen.

Pro Crostini: 38 kcal · 1 g KH
1 g EW · 4 g Fett

GRIECHISCHE CREME

Reicht für 12-14 Crostini

ZUTATEN

1 Knoblauchzehe
200 g Fetakäse
100 g Doppelrahmfrischkäse
30 g Milch, 1,5%
etwas Salz & Pfeffer
1 TL Zitronensaft

ZUBEREITUNG

Knoblauch im Mixtopf **5 Sek./Stufe 5** zerkleinern. Feta zugeben und **10 Sek./Stufe 3** mixen. Restliche Zutaten zugeben und **20 Sek./Stufe 3** verrühren.

Pro Crostini: 52 kcal · 0,5 g KH
3 g EW · 4 g Fett

AVOCADOCREME

Reicht für 12-14 Crostini

ZUTATEN

1 Avocado
100 g Doppelrahmfrischkäse
etwas Salz & Pfeffer
1 TL Zitronensaft

ZUBEREITUNG

Avocadofruchtfleisch, Frischkäse, Salz, Pfeffer und Zitronensaft in den Mixtopf geben und **15 Sek./Stufe 3.5** mixen. In eine Schüssel umfüllen.

Pro Crostini: 41 kcal · 1 g KH
1 g EW · 4 g Fett

Ideen für WARMES

Hier werden alle satt!

KAPITEL 2

Warme Gerichte

In diesem Kapitel findest Du warme Rezeptideen für die große Runde. Egal ob deftiger Eintopf oder Burger vom Blech - hier werden alle satt!

★ UNSER SERVIERTIPP:

Eintöpfe wie z.B. den Currywursttopf kann man auch in kleinen Schüsseln servieren.

Tipp zum Aufwärmen

Eintöpfe wie z.B. der Currywursttopf oder der Mafiatopf lassen sich ohne Probleme schon am Tag vor der Party zubereiten. Am nächsten Tag einfach aufwärmen und die Party mit den Gästen genießen.

Partytopf

FÜR DIE GROSSE RUNDE!

Auf unserem Rezeptblog www.mixgenuss-rezepte.de findest Du eines unserer beliebtesten Partyrezepte – den Rouladentopf "Räuber Hotzenplotz" für 12-14 Personen!

Pro Bun: 336 kcal · 22 g KH · 13 g EW · 22 g Fett

Big Mac SLIDERS

1,5 STD.

+ 2 Std. Gehzeit

ZUTATEN

Für den Teig

280 g Milch, 1,5%
50 g Wasser, lauwarm
50 g Zucker
½ Würfel frische Hefe
475 g Weizenmehl, Type 550
1 geh. TL Salz
60 g Öl

Zum Bestreichen:

1 Eigelb
1 EL Milch, 1,5%
etwas Sesam

Für die Sauce

30 g Zwiebel
40 g Essiggurken
200 g Mayonnaise
30 g Tomatenketchup
1 EL Senf, mittelscharf
1 TL Zucker
1 TL Gurkenwasser
1 TL Zwiebel, granuliert
½ TL Paprikapulver, edelsüß

800 g Hackfleisch, gemischt
etwas Salz & Pfeffer
etwas Öl zum Braten
1 P. Scheiblettenkäse (10 Scheiben)

ZUBEREITUNG

Milch, Wasser, Zucker und Hefe in den Mixtopf geben und **3 Min./37°C/Stufe 2** erwärmen. Mehl, Salz und Öl zugeben und **4 Min./Teigstufe** kneten. Den klebrigen Teig in eine mit Öl gefettete Schüssel umfüllen und abgedeckt 1 Std. gehen lassen.

Teig in 20 Portionen (à 45 g) teilen und rund schleifen. Im Abstand von 1-2 cm nebeneinander in eine mit Öl gefettete und Mehl ausgestreute Form (ca. 40 x 30 cm) setzen. Erneut 1 Std. gehen lassen. Backofen auf 175°C Umluft vorheizen.

Eigelb und Milch vermengen und die Teigstücke damit bestreichen. Im Backofen ca. 35 Min. backen. Dabei nach 15 Min. (sobald sich die Buns braun färben) mit Alufolie abdecken und fertig backen. Damit die Buns schön weich bleiben, beim Abkühlen die Folie darüber lassen.

Für die Sauce Zwiebel und Essiggurken im Mixtopf **5 Sek./Stufe 6** zerkleinern. Restliche Zutaten zugeben und **10 Sek./Stufe 3** mixen.

Hackfleisch mit Salz & Pfeffer würzen und zu 20 Patties formen. In einer Pfanne mit Öl von beiden Seiten braten. Slider Buns aufschneiden und mit je einem Burgerpattie belegen. 1 EL Sauce auf jeden Burger geben und mit Käsescheiben (s. Bild) belegen. Brötchen-Deckel wieder aufsetzen und bis zum Servieren kalt stellen. Wenn die Gäste da sind, Form mit Alufolie abdecken, verschließen und die Burger im vorgeheizten Backofen bei 175°C Umluft noch einmal ca. 20 Min. backen.

20 MIN.

Blitz! BLÄTTERTEIGPIZZA

ZUTATEN

1 Rolle Blätterteig
100 g Schmand
1 kl. Zucchini
½ rote Zwiebel
etwas Salz & Pfeffer
100 g Cocktailtomaten
150 g Fetakäse
1 TL Oregano, getr.
ein paar Rosmarinnadeln

ZUBEREITUNG

Backofen auf 175°C Umluft vorheizen. Blätterteig samt Papier (dient als Backpapier) auf einem Blech ausbreiten. Mit Schmand bestreichen. Zucchini und Zwiebel dünn hobeln und die Scheiben darauf verteilen. Nun mit Salz und Pfeffer würzen.

Cocktailtomaten halbieren und zusammen mit zerbröseltem Fetakäse auf die Pizza geben. Mit Oregano bestreuen und für ca. 10-15 Min. in den Backofen geben. Vor dem Servieren mit Rosmarinnadeln bestreuen.

Tipp Auch lecker mit Schinken! Hier kann man ganz kreativ sein. Der Fantasie sind keine Grenzen gesetzt.

8 Portionen

Ruck zuck fertig!

Pro Portion: 230 kcal · 14 g KH · 6 g EW · 16 g Fett

60 MIN.

Spanischer GEMÜSEKUCHEN

ZUTATEN

Für den Teig

200 g Magerquark
40 g Olivenöl
150 g Dinkelmehl, Type 630
50 g Dinkelvollkornmehl
1 TL Backpulver
etwas Salz
ggf. 1-2 EL kaltes Wasser

Für den Gemüsebelag

4-5 kl. Kartoffeln, gekocht*
1 grüne Spitzpaprika
1 rote Zwiebel
3 Tomaten
10-15 grüne Oliven, entsteint
100 g geriebener Käse, nach Wahl

Für den Guss

3 Eier
150 g Crème fraîche
1 TL Knoblauch, granuliert
1 TL Senf, mittelscharf
1 TL mediterrane Kräuter, getr.
½ TL Paprikapulver, edelsüß
¼ TL Pfeffer, gem.
¼ TL Muskat, gem.

**am besten schon am Vortag kochen*

ZUBEREITUNG

Teigzutaten in den Mixtopf geben und **30 Sek./Stufe 4** zu einem Teig verarbeiten. Teig für 15 Min. in den Kühlschrank geben. Mixtopf spülen.

Teig rund ausrollen und eine gefettete Springform (Ø 26 cm) damit auskleiden. Dabei einen 3 cm hohen Rand hochziehen. Das komplette Gemüse in Scheiben schneiden und im Wechsel auf den Teig legen.

Zutaten für den Guss im Mixtopf **15 Sek./Stufe 4** mixen. Über den Kuchen gießen und mit Käse bestreuen. Im vorgeheizten Backofen bei 200°C Ober-/Unterhitze ca. 30-35 Min. backen.

Tipp Der Kuchen lässt sich prima für Gäste vorbereiten. Am Vortag oder vormittags backen und zum Aufwärmen bei 150°C ca. 20 Min. in den Ofen geben. Dazu passt grüner Salat.

 Pro Portion: 345 kcal · 27 g KH · 14 g EW · 19 g Fett

8-10 Portionen

Tipp Den Teig kann man auch schon 24 Std. vorher herstellen, allerdings dann nur 10 g Hefe verwenden. Der Teig kommt nach dem Kneten direkt in einer luftdichten Schüssel in den Kühlschrank. Am nächsten Tag einfach nach Rezept weiter verfahren.

Pro Portion: 275 kcal · 39 g KH · 13 g EW · 7 g Fett

70 MIN.

Gefülltes HANDBROT

mit Schinken, Käse & Tomaten

ZUTATEN

Für den Teig

250 g Wasser
1 EL Zucker
1 Würfel frische Hefe
500 g Weizenmehl, Type 405
10 g Olivenöl
1 TL Salz

Für die Füllung

150 g Schinken
150 g geriebener Käse (Cheddar o. Gouda)
2 Tomaten
etwas Salz & Pfeffer

Außerdem

1 EL Sesam

ZUBEREITUNG

Wasser, Zucker und Hefe im Mixtopf **2 Min./37°C/Stufe 2** auflösen. Mehl, Öl und Salz zugeben und **2 Min./Teigstufe** kneten. Teig umfüllen und abgedeckt ca. 40 Min. gehen lassen.

Teig zu einem Rechteck ausrollen. Mittig mit etwas Schinken und geriebenem Käse bestreuen. Tomaten in Scheiben schneiden und darauf legen. Mit etwas Salz & Pfeffer würzen. Danach die Seiten über die Füllung schlagen (links und rechts) und die Enden gut verschließen. Teigrolle diagonal auf ein mit Backpapier belegtes Backblech legen. Mit der stumpfen Seite eines Messers Kerben eindrücken, so lässt sich das Brot nach dem Backen gut durchschneiden und leichter portionieren.

Teigrolle mit Wasser bestreichen und mit Sesam bestreuen. Nochmals 10 Min. gehen lassen. Danach im vorgeheizten Backofen bei 175°C Umluft ca. 20 Min. backen.

35 MIN.

PARTYPOMMES Greek Style

ZUTATEN

2 kg Pommes frites

Für das Topping

180 g Fetakäse
½ Salatgurke
200 g Cocktailtomaten
50 g Oliven, entsteint
2 Frühlingszwiebeln

Für die Zaziki-Sauce

1 Knoblauchzehe
1 Handvoll Dill
120 g Salatgurke, in Stücken
200 g griech. Joghurt
100 g Doppelrahmfrischkäse
etwas Salz & Pfeffer
1 Spritzer Zitronensaft
¼ TL Paprikapulver, edelsüß

ZUBEREITUNG

Zuerst die Zaziki-Sauce zubereiten: Knoblauch und Dill in den Mixtopf geben und **4 Sek./Stufe 6** zerkleinern. Restliche Zutaten zugeben und **20 Sek./Stufe 4** mixen. Umfüllen und kalt stellen (kann auch schon am Vortag zubereitet werden).

Pommes auf 2 Blechen verteilen und bei Umluft nach Packungsanweisung backen.

In der Zwischenzeit Fetakäse zerbröseln und Gemüse in Würfel / Scheiben schneiden.

Pommes auf 1-2 großen Servierplatten platzieren und mit Gemüse, Feta und Zaziki-Sauce toppen.

8-10 Portionen

2 Bleche Pommes

Pro Portion: 428 kcal · 53 g KH · 11 g EW · 18 g Fett

60 MIN.

ZWIEBELKUCHEN vom Blech

ZUTATEN

Für den Teig

300 g Weizenmehl, Type 405
150 g Magerquark
60 g Milch, 1,5%
60 g Öl
1 P. Backpulver
½ TL Salz
ggf. 1-2 EL Wasser

Für den Belag

1 kg Gemüsezwiebeln
2 EL Butter zum Braten
etwas Salz & Pfeffer
200 g Katenschinkenwürfel
200 g Emmentaler, gerieben

Für den Guss

400 g Crème fraîche
5 Eier
1 EL Paprikapulver, edelsüß
1 TL Zwiebelpulver
½ TL Pfeffer, gem.
etwas Salz

ZUBEREITUNG

Alle Teigzutaten (außer Wasser) in den Mixtopf geben und **3 Min./Teigstufe** kneten, ggf. noch 1-2 EL Wasser zugeben. Den Teig auf eine bemehlte Arbeitsfläche geben und ausrollen. Teig danach entweder auf ein gefettetes, tiefes Backblech oder in eine rechteckige Springform (ca. 40 x 30 cm) geben.

Zwiebeln schälen und in Scheiben hobeln. In einer beschichteten Pfanne mit 2 EL Butter so lange braten, bis die Zwiebeln weich sind und etwas Farbe annehmen. Mit Salz und Pfeffer würzen. Zwiebeln auf den Teig geben. Schinkenwürfel darüber streuen. Zutaten für den Guss entweder im Mixtopf **10 Sek./Stufe 5** mixen oder mit einem Schneebesen in einer Schüssel verquirlen. Auf den Zwiebelkuchen gießen und mit Käse bestreuen.

Im vorgeheizten Backofen bei 180°C Ober-/Unterhitze ca. 35 Min. backen.

Pro Portion: 253 kcal · 15 g KH · 10 g EW · 17 g Fett

Pro Portion: 506 kcal · 20 g KH · 19 g EW · 38 g Fett

30 MIN.

CURRYWURST Partytopf

ZUTATEN

20	Rostbratwürste (1,4 kg)
2	rote Paprikaschoten
1	gr. Gemüsezwiebel
1 Fl.	Tomatenketchup (750 ml)
200 g	Wasser
1 Fl.	passierte Tomaten (560 g)
1 TL	Zwiebeln, granuliert
1 TL	Knoblauch, granuliert
1 TL	Salz
¼ TL	Pfeffer, gem.
½ TL	Paprikapulver, rosenscharf
1 TL	Paprikapulver, edelsüß
2 TL	Currypulver

ZUBEREITUNG

Bratwürste in Scheiben schneiden und auf zweimal in einer Pfanne anbraten. In einen großen Topf oder eine Auflaufform umfüllen.

Paprika und Zwiebel in gleichmäßigen Stücken in den Mixtopf geben und **5 Sek./Stufe 4.5** zerkleinern. Restliche Zutaten zugeben und **4 Sek./↺/Stufe 3** mischen. Nun **25 Min./98°C/↺/Stufe 2.5** kochen.

Sauce zu den Würsten geben und vermengen. Zum Servieren alles noch einmal kurz aufwärmen.

Tipp Dazu kann man Pommes servieren.

Für mehr Schärfe mit etwas Chilipulver oder Cayennepfeffer nachwürzen.

30 MIN.

MAFIA-TOPF mit Hack

ZUTATEN

1.200 g Hackfleisch, gemischt
etwas Salz & Pfeffer
2 TL Paprikapulver, edelsüß
etwas Öl zum Braten

Für den Varoma

2 rote Paprika
2 grüne Paprika
2 gelbe Paprika
2 kl. Zucchini

Für die Sauce

2 gr. Zwiebeln
20 g Öl
2 Fl. Texicana Salsa Sauce, z.B. von Maggi (à 500 ml)
400 g Crème fraîche

ZUBEREITUNG

Zuerst die Paprikaschoten und Zucchini in Würfel schneiden und alles im Varoma und auf dem Einlegeboden verteilen.
500 g Wasser in den Mixtopf füllen, Varoma aufsetzen und **18-20 Min./Varoma/Stufe 1** garen.

In der Zwischenzeit Hackfleisch mit Salz, Pfeffer und Paprikapulver würzen und in einer großen Pfanne mit Öl anbraten. Danach in einen großen Topf umfüllen (so kann der Mafia-Topf zur Party wieder erwärmt werden).
Nach Garzeitende das Gemüse zum Hackfleisch in den Topf geben. Mixtopf leeren.

Zwiebel in Stücken in den Mixtopf geben und **5 Sek./Stufe 5** zerkleinern. Öl zugeben und **2 Min./Varoma/Stufe 1** dünsten. Texicana Salsa und Crème fraîche zugeben und **10 Sek./⟲/Stufe 4** verrühren. Zum Gemüse und Hackfleisch geben und alles gut vermengen.

Wenn die Gäste kommen, einfach bei mittlerer Hitze am Herd erwärmen und dabei öfter umrühren.

10 Portionen

Pro Portion: 568 kcal · 30 g KH · 26 g EW · 37 g Fett

8-10 Portionen

Tipp Dazu kann man Reis, Nudeln, Pommes oder Baguette servieren.

Pro Portion: 520 kcal · 16 g KH · 35 g EW · 28 g Fett

40 MIN.

GYROS-METAXA Partytopf

ZUTATEN

2	rote Spitzpaprika
2	orange Spitzpaprika
4	Zwiebeln
1,2 kg	Gyrosfleisch
etwas	Öl zum Braten
5	Knoblauchzehen
320 g	Baconwürfel
400 g	saure Sahne
3 EL	Tomatenmark
150 g	Metaxa
400 g	Weißwein, trocken
100 g	Sahne
2 TL	Paprikapulver, edelsüß
2 Gläser Ajvar, mild (à 340 ml)	

Außerdem:

3 EL	Tomatenmark
etwas	Petersilie, gehackt
etwas	Salz & Pfeffer

ZUBEREITUNG

Als Erstes Spitzpaprika würfeln, Zwiebeln schälen und in grobe Stücke schneiden. Beiseitelegen.

Gyrosfleisch in einem großen Topf mit etwas Öl scharf anbraten. Knoblauchzehen im Mixtopf **5 Sek./Stufe 5** zerkleinern. Zwiebelstücke zugeben und **7 Sek./Stufe 5** zerkleinern. Zwiebelgemisch zum Fleisch geben und mitbraten. Spitzpaprika und Baconwürfel zugeben und ebenso mit anbraten. Restliche Zutaten zugeben und alles verrühren. Bei niedriger Hitze mit Deckel ca. 30 Min. garen.

Zum Schluss noch einmal 3 EL Tomatenmark und gehackte Petersilie unterrühren. Mit etwas Salz und Pfeffer abschmecken.

Tipp Man kann auch normales Geschnetzeltes mit Gyrosgewürz und Öl marinieren und einen Tag durchziehen lassen.

Ideen für

SÜSSES & DRINKS

Jetzt wird genascht!

KAPITEL 3

Süßes & Drinks

In diesem Kapitel findest Du lecker geschichtete Desserts im Glas, feine Kuchenrezepte sowie fruchtige Bowle zum gemeinsamen Anstoßen.

★ UNSER SERVIERTIPP:

Eine tolle Idee für's Buffet - Kuchen als Spieße mit Beeren servieren. Du kannst Blechkuchen in kleine Würfel schneiden und mit Beeren aufspießen, wie bei den Cheesecake Bites auf Seite 102.

Cheers!

Drinks für die Party kannst Du auch schon vormixen und in große Glasbehälter zum Selbstbedienen füllen.

Unser Tipp

Bunter Obstsalat im Glas! Gerade in den Sommermonaten fruchtig und erfrischend. Gib noch etwas Orangensaft als Dressing dazu und Mandelblättchen für den Crunch!

Pro Stück: 252 kcal · 22 g KH · 12 g EW · 13 g Fett

60 MIN.

+ 2-3 Std. Kühlzeit

CHEESECAKE Bites

ZUTATEN

Für den Teig

150 g Butter, in Stücken
150 g Zucker
3 Eier
150 g Weizenmehl, Type 405
2 TL Backpulver

Für die Quarkmasse

4 Eier (Gr. M)
1 Prise Salz
1 kg Magerquark
150 g Crème fraîche
1 P. Vanillepuddingpulver
etwas Zitronen-Backaroma

Backform: ca. 30x40 cm

ZUBEREITUNG

Als Erstes den Backofen mit eingesetztem Gitterrost auf 180°C Umluft vorheizen.

Butter, Zucker und Eier in den Mixtopf geben und **1 Min./Stufe 5** mixen. Mehl und Backpulver zugeben und **10 Sek./Stufe 4** unterrühren. Mehlreste vom Topfrand mit dem Spatel nach unten schieben und noch einmal **5 Sek./Stufe 4** vermengen. Teig in eine gefettete rechteckige Backform geben und glatt streichen. Mixtopf spülen.

Für die Quarkmasse Eier trennen. Rühraufsatz in den Mixtopf einsetzen. Eiweiß mit 1 Prise Salz in den Mixtopf geben und auf **Stufe 4** steif schlagen. Umfüllen und Rühraufsatz entfernen.

Restliche Zutaten für die Quarkcreme (außer Eiweiß) in den Mixtopf geben und **30 Sek./Stufe 5** mixen. Eiweiß zugeben und noch einmal **10 Sek./Stufe 5** mixen. Quarkmasse auf den Teig gießen und glatt streichen. Kuchen im vorgeheizten Backofen ca. 40 Min. backen. Danach bei leicht geöffneter Türe abkühlen lassen. Bevor der Kuchen in Stücke geschnitten wird, im Kühlschrank ca. 2-3 Std. durchkühlen. In ca. 16 kleine Würfel schneiden und mit Beeren nach Wahl aufspießen.

20 MIN.

+ 3 Std. Kühlzeit

PANNA COTTA mit Erdbeeren

ZUTATEN

Für die Panna Cotta

6 Blatt Gelatine
½ Vanilleschote
100 g Zucker
300 g Milch, 1,5%
etwas Tonkabohne, gerieben
400 g Sahne

Für die Erdbeersauce

300 g Erdbeeren
1 EL Zitronensaft
50 g Zucker

ZUBEREITUNG

Gelatine in kaltem Wasser einweichen. Vanilleschote und Zucker in den Mixtopf geben und **10 Sek./Stufe 10** pulverisieren. Milch und Tonkabohne zugeben und **5 Min./80°C/Stufe 2** erhitzen. Gelatine ausdrücken, hinzugeben und erneut **1 Min./80°C/Stufe 2** verflüssigen. Sahne zugießen und **5 Sek./Stufe 3** mischen. Masse in eine Schüssel gießen und mind. 3 Std. in den Kühlschrank stellen.

Für die Erdbeersauce alle Zutaten in den Mixtopf geben und **20 Sek./Stufe 6** mixen. Vor dem Servieren auf die Panna Cotta gießen und ggf. mit weiteren Erdbeerstücken und Minze garnieren.

Ideal zum Mitbringen auf eine Party!
Man hat nur eine Schüssel, die man gut transportieren kann.

10 Portionen

Limoncello Spritz!

Der perfekte Aperitiv für einen italienischen Abend. Einfach 2 EL Limoncello in ein Weinglas geben und mit Sekt und Mineralwasser aufgießen. Mit Eiswürfeln, Minze und Zitronenscheiben servieren.

Pro Portion: 210 kcal · 20 g KH · 4 g EW · 13 g Fett

Pro Stück: 388 kcal · 40 g KH · 5 g EW · 23 g Fett

50 MIN.

+ 2 Std. Kühlzeit

LIMOKUCHEN mit Pfirsich

ZUTATEN

Für den Teig

4	Eier
175 g	Zucker
130 g	Öl
350 g	Weizenmehl, Type 405
1 P.	Backpulver
175 g	Orangenlimo (z.B. Fanta)

Für den Belag

1 gr. Dose Pfirsiche	(Abtr.gew. 500 g)
600 g	Sahne
30 g	Zucker
500 g	Schmand
etwas	Vanillearoma
etwas	Kakao zum Bestäuben

ZUBEREITUNG

Backofen auf 175°C Ober-/Unterhitze vorheizen.

Eier, Zucker und Öl in den Mixtopf geben und **1 Min./Stufe 4** mixen. Mehl, Backpulver und Limonade zugeben und **10 Sek./Stufe 4** mixen.

Ein Backblech fetten und den Teig darauf gießen. Glatt streichen und im vorgeheizten Backofen ca. 20 Min. backen. Stäbchenprobe machen! Danach Teig abkühlen lassen. In der Zwischenzeit Pfirsiche abtropfen lassen und in kleine Würfel schneiden.

Für den Belag Sahne und Zucker sehr steif schlagen. Entweder im Thermomix mit Rühraufsatz auf **Stufe 3.5** oder mit dem Handrührgerät. Danach Sahne in eine größere Schüssel umfüllen und Schmand von Hand unterrühren. Etwas Vanillearoma und Pfirsichwürfel unterrühren. Masse auf den abgekühlten Teig streichen und im Kühlschrank mind. 2 Std. durchkühlen lassen.

Vor dem Servieren mit Kakao bestäuben.

30 MIN.

Mini-MARMORKUCHEN

ZUTATEN

100 g	weiche Butter
120 g	Zucker
etwas	Vanillearoma
1 Prise	Salz
2	Eier
200 g	Weizenmehl, Type 405
1 TL	Backpulver
100 g	Milch, 1,5%
2 geh. TL	Backkakao

ZUBEREITUNG

Backofen auf 180°C Ober-/Unterhitze vorheizen.

Butter, Zucker, Vanillearoma, Salz und Eier in den Mixtopf geben und **40 Sek./Stufe 5** mixen. Mehl, Backpulver und 75 g Milch zugeben und **7 Sek./Stufe 4** vermengen. Mehlreste vom Mixtopfrand mit dem Spatel nach unten schieben und noch einmal **4 Sek./Stufe 4** vermengen.

Die Hälfte des Teiges auf 9 Muffinförmchen verteilen. Zum restlichen Teig Backkakao und 25 g Milch geben und **5 Sek./Stufe 4** mixen. Teig ebenso auf die Förmchen aufteilen und mit einer Gabel die zwei Teigschichten marmorieren. Im vorgeheizten Backofen ca. 20 Min. backen.

Leckere Variante:

Mit Kirschen

Wer möchte, kann noch ein paar Kirschen (aus dem Glas) zwischen die zwei Teigschichten geben.

 Pro Muffin: 240 kcal · 30 g KH · 5 g EW · 11 g Fett

 Pro Glas (10): 439 kcal · 23 g KH · 6 g EW · 35 g Fett

15 MIN.

+ 2 Std. Kühlzeit

Schoko-DESSERT mit Giotto

ZUTATEN

2	Eier
1 Prise	Salz
500 g	Sahne
40 g	Zucker
1 P.	Giotto (4 Stangen, 154 g)
200 g	Nuss-Nougat, schnittfest

Zur Deko

200 g	Sahne

ZUBEREITUNG

Rühraufsatz in den Mixtopf einsetzen. Eier trennen und Eiweiß in den Mixtopf geben. Salz hinzufügen und auf **Stufe 4** steif schlagen. In eine größere Schüssel umfüllen. 400 g Sahne und Zucker in den Mixtopf geben und mit Rühraufsatz auf **Stufe 3.5** ebenso steif schlagen. Rühraufsatz entfernen und Sahne zum Eischnee geben. Mixtopf spülen und trocknen.

3 Stangen Giotto im Mixtopf **12 Sek./Stufe 7** zerkleinern und zur Sahne/Eischnee geben. Nougat in Stücken und 100 g Sahne in den Mixtopf geben und **5 Sek./Stufe 5** mixen. Nun **3 Min/80°C/Stufe 2.5** schmelzen. Eigelb zugeben und noch einmal **1 Min./80°C/Stufe 3** vermengen.

Flüssige Nougatmasse zur Sahne gießen und mit einem Schneebesen alles gut vermengen. In 8-10 kleine Gläser gießen und im Kühlschrank mind. 2 Std. durchkühlen lassen.

Vor dem Servieren mit geschlagener Sahne und je einer Kugel Giotto garnieren. Wer möchte, kann noch etwas Zimt oder Kakaopulver darüber streuen.

15 MIN.

Stracciatella-Kirsch-DESSERT

ZUTATEN

1 gr. Glas Süßkirschen (Abtr.gew. 700 g)
25 g Speisestärke
1 EL Zucker

500 g Sahne
100 g Puderzucker
500 g Magerquark
100 g Raspelschokolade (Zartbitter)

Zur Deko

10 frische Kirschen
10 Minzblätter

ZUBEREITUNG

Kirschen absieben und den Saft in den Mixtopf einwiegen. Der Saft sollte 250 g wiegen, sonst ggf. mit Wasser auffüllen. Speisestärke und Zucker zugeben und **4-5 Min./90°C/Stufe 3** erhitzen. Kirschen zugeben und mit dem Spatel unterrühren. Auf 10 kleine Gläser verteilen. Mixtopf spülen.

Rühraufsatz in den Mixtopf einsetzen. Sahne und Puderzucker in den Mixtopf geben und auf **Stufe 3.5** steif schlagen. Rühraufsatz entfernen. Quark und Raspelschokolade (bis auf 2 EL zur Deko) zugeben und **15 Sek./Stufe 4** mixen.

Stracciatellacreme auf die Kirschmasse geben und glatt streichen. Mit je 1 Kirsche und 1 Minzblatt garnieren. Etwas Raspelschokolade darüber streuen und servieren.

 Pro Glas: 321 kcal · 31 g KH · 8 g EW · 18 g Fett

 Pro Glas: 323 kcal · 18 g KH · 4 g EW · 26 g Fett

Kleines Schoko-Minz-DESSERT

15 MIN.

+ 1 Std. Kühlzeit

ZUTATEN

9	Oreo-Kekse (100 g)
400 g	Sahne
200 g	Zartbitterkuvertüre
40 g	Butter
1	Ei
1	Eigelb
1 TL	Zucker
1 TL	Weinbrand

Zur Deko: Minzeblätter

ZUBEREITUNG

Als Erstes Oreo-Kekse im Mixtopf **5 Sek./Stufe 6** zerbröseln. Umfüllen. Mixtopf spülen.

Rühraufsatz in den Mixtopf einsetzen. Sahne hineinfüllen und auf **Stufe 3.5** steif schlagen. Geschlagene Sahne umfüllen. Rühraufsatz entfernen und Mixtopf spülen.

Zartbitterkuvertüre in den Mixtopf geben und **10 Sek./Stufe 7** fein reiben. Butter zugeben und **4 Min./60°C/Stufe 2** schmelzen. Umfüllen. Mixtopf spülen.

Rühraufsatz einsetzen. Ei und Eigelb mit Zucker **5 Min./60°C/Stufe 4** cremig schlagen. Schokolade und Weinbrand zugeben und **5 Sek./Stufe 4** rühren. Geschlagene Sahne ebenfalls zugeben und **20 Sek./Stufe 3** verrühren. Die Creme in 10 kleine Dessertgläser füllen und 1 Std. kalt stellen.

Mit Oreo-Bröseln und Minze garniert servieren.

Zitronen-DESSERT

ZUTATEN

60 g	Zitronensaft (Saft von ca. 1,5-2 Zitronen)
80 g	Zucker
50 g	Butter
2	Eier (Gr. M)
800 g	griech. Joghurt
50 g	Mandelsplitter

ZUBEREITUNG

Zitronensaft, Zucker und Butter in den Mixtopf geben und **5 Min./90°C/Stufe 2** erhitzen. Thermomix **10 Sek./Stufe 4** laufen lassen und die Eier durch das Deckelloch zugeben. Nochmal **5 Min./90°C/Stufe 2.5** kochen. In eine Schüssel füllen und 10 Min. abkühlen lassen. In dieser Zeit Mandelsplitter in einer Pfanne ohne Fett rösten. Nun Joghurt im Wechsel mit Zitronencreme und Mandelsplitter in 8 Gläser schichten. Fertig!

 Pro Glas: 270 kcal · 15 g KH · 8 g EW · 20 g Fett

10 Gläser

15 MIN.

+ 5 Std. Kühlzeit

Mandarinen-DESSERT

ZUTATEN

600 g Sahne
750 g Magerquark
100 g Zucker
1 Vanilleschote, Mark davon
1 Glas Mandarin-Orangen (Abtr.gew. 195 g)
100 g Zartbitterschokolade

ZUBEREITUNG

Rühraufsatz in den Mixtopf einsetzen und 400 g Sahne zugeben. Sahne auf **Stufe 3.5** steif schlagen. Quark, Zucker und Vanillemark zugeben und **10 Sek./Stufe 4** vermengen. In eine größere Schüssel umfüllen und die abgetropften Mandarinen unterheben. Masse auf zehn Gläser verteilen. Mixtopf spülen. Schokolade in Stücken in den Mixtopf geben und **5 Sek./Stufe 7** zerkleinern. 200 g Sahne zugeben und **4 Min./70°C/Stufe 3** schmelzen. Auf die Desserts gießen und ca. 5 Std. in den Kühlschrank stellen.

Pro Glas: 326 kcal · 21 g KH · 11 g EW · 21 g Fett

10 MIN.

Sex on the Beach BOWLE

ZUTATEN

2	Orangen
1 Glas	Cocktailkirschen
1 Dose	Fruchtcocktail
50 g	Pfirsichlikör
150 g	Wodka o. weißer Rum
400 g	Orangensaft
25 g	Grenadinesirup
200 g	Granatapfelsaft
1 Fl.	Prosecco (750 ml)
2 Handvoll	Eiswürfel

ZUBEREITUNG

Orangen halbieren und in Scheiben schneiden. Cocktailkirschen und Fruchtcocktail absieben. Alles in ein Bowlegefäß geben.

Mit Pfirsichlikör, Wodka, Orangensaft, Grenadinesirup und Granatapfelsaft aufgießen.

Vor dem Servieren Prosecco mit ins Bowle-Gefäß gießen. Mit Eiswürfeln servieren.

Pro Glas: 189 kcal · 31 g KH · 1 g EW · 0 g Fett

Melonen-Gin-BOWLE

10 MIN.

+ 1 Std. Ziehzeit

ZUTATEN

1 kl. Cantaloupe Melone
2 Limetten
2 Pfirsiche
250 g Gin
50 g Pfirsichlikör
2 EL Vanillesirup
1 Fl. Prosecco (750 ml)
2 Handvoll Eiswürfel
1 Handvoll Basilikum, in Streifen geschnitten

10 Gläser

ZUBEREITUNG

Melone entweder würfeln oder mit einem Kugelausstecher zu kleinen Kugeln formen. Limetten halbieren und in Scheiben schneiden. Pfirsiche würfeln. Alles in ein Bowle-Gefäß geben und mit Gin, Pfirsichlikör und Vanillesirup aufgießen. Ca. 1 Std. ziehen lassen.

Vor dem Servieren Prosecco, Eiswürfel und den Basilikum zugeben, vermengen und genießen!

Pro Glas: 149 kcal · 14 g KH · 1 g EW · 0 g Fett

20 MIN.

Mini-Mojito-BAR

EINE IDEE FÜR DIE NÄCHSTE PARTY:

Eine kleine Erdbeer-Mojito-Bar

Hierzu einfach kleine Weckgläser befüllen mit je 2 TL braunem Zucker, 2 Erdbeeren (klein gewürfelt), ½ Limette in Stücke geschnitten und ein paar Minzblättern. Das Ganze nun mit einem Cocktailstösel zerdrücken und das Glas zur Hälfte mit Sodawasser auffüllen und stehen lassen. Die Gäste geben sich dann etwas Crushed Ice und Rum dazu.
Für eine alkoholfreie Variante mit Ginger Ale statt Rum aufgießen.